Daniel Chodowiecki, Daniel Berger

Allgemeines historisches Taschenbuch,

oder Abriss der merkwürdigsten neuen Welt-Begebenheiten - enthaltend für 1784

die Geschichte der Revolution von Nord-America

Daniel Chodowiecki, Daniel Berger

Allgemeines historisches Taschenbuch,
oder Abriss der merkwürdigsten neuen Welt-Begebenheiten - enthaltend für 1784 die Geschichte der Revolution von Nord-America

ISBN/EAN: 9783743475427

Hergestellt in Europa, USA, Kanada, Australien, Japan

Cover: Foto ©ninafisch / pixelio.de

Allgemeines historisches Taschenbuch

oder

Abriß

der

merkwürdigsten neuen

Welt-Begebenheiten

enthaltend

für

1784

die Geschichte

der

Revolution von Nord-America

von

M. C. Sprengel.

Professor der Geschichte auf der Universität zu Halle.

Mit 18 Kupfern und einer illuminirt. Landcharte.

Berlin,

bey Haude und Spener.

Jahrbuch

der

merkwürdigsten neuen

Weltbegebenheiten

für

1784

enthaltend

die Geschichte

der

Revolution von Nord-America

Mit Kupfern und einer Landcharte.

Vorrede.

Von so allgemeinem Gebrauche ein Buch wie der Calender ist, von eben so allgemeinem Interesse sollten billig auch die darinn abgehandelten Materien seyn. Wenn diese Behauptung, wie ich glaube, nicht in Zweifel gezogen werden kann: so wird das Publicum gegenwärtigem, im Verlag der Haude- und Spenerschen Buchhandlung von Berlin zum erstenmal erscheinenden

historisch genealogischen Calender

hoffentlich Aufmerksamkeit und Beifall nicht versagen, weil er sich, jenem Grundsatz und seinem Titel gemäß, mit der merkwürdigsten historischen Begebenheit beschäftigt, die in unsern Tagen vorgefallen ist, und an welcher wir, in ganz Deutschland, seit geraumer Zeit her, allgemein und ununterbrochen Interesse genommen haben. Es bedarf wohl keiner Erklärung, daß hierunter die nunmehr zu Stande gebrachte

Revolution in Nordamerica

verstanden wird. Zwar ist sie eben so wenig die einzige wichtige unter den neuern Weltbegebenheiten, als dieser Calender, laut seiner Aufschrift, bloß auf einzelne solcher Ereignisse eingeschränkt ist; allein, eines Theils hebt sie sich doch, an Umfang und an innerer Größe, so sehr aus allen gleichzeitigen Factis hervor, und anderer Seits ist sie so reichhaltig, daß es gegenwärtigem Calender schwerlich zum Vorwurf gereichen wird, wenn er sich dießmal bloß mit ihr beschäftigt, um sie so gründlich und ausführlich darzustellen, als sie es verdient, und als der Zweck und Raum eines solchen Büchleins nur immer verstatten. In den folgenden Jahren wird er sich, was den Artikel von Nordamerica betrifft, mit Nachlesen und Ergänzungen begnügen, und sich auch auf die übrigen Weltbegebenheiten ausbreiten können, die, vorzüglich im Osten von Europa, sehr interessant

essant zu werden beginnen, und an denen es überhaupt, bey einiger Aufmerksamkeit und Kenntniß, zu ununterbrochener Fortsetzung dieses neuen historisch genealogischen Calenders nie, auch im tiefsten allgemeinsten Frieden nicht, fehlen wird.

Doch, nicht allein die merkwürdigsten politischen Welthändel, welche auf diesem großen Schauplatz unter so verschiedenen Himmelsstrichen vorfallen, sondern auch die wichtigsten unter den neuen Erfindungen und Entdeckungen in den mechanischen Künsten und in denen Wissenschaften, die auf die Beförderung allgemeiner Glückseligkeit wirklichen Einfluß versprechen, auch diese sollen in der Folge in diesem Calender einen Platz finden, allgemein verständlich und gründlich angezeigt und ihr Werth erwogen werden.

Als mir daher der Verleger, Herr Carl Spener, diesen von ihm wohl ausgesonnenen Plan eröffnete und mich um die Ausführung desselben ersuchte; übernahm ich, mit völliger Ueberzeugung, von der Nutzbarkeit und von dem nicht leicht zu verfehlenden Beyfall, die dießjährige Ausarbeitung um so lieber, weil sie einen Gegenstand (Nordamerica) betraf, über den ich, aus eigner Neigung, schon lange vorzüglich viel gesammelt, gelesen und gedacht hatte. Von dem Innhalt und der Behandlungsart meiner Arbeit bin ich nun dem Leser noch einige Rechenschaft schuldig.

Ich habe bey Abfassung dieser kurzen Geschichte, die ihrer Absicht nach nicht ausführlicher seyn konnte, und worinn ich nichts Wichtiges vergessen zu haben glaube, die besten gedruckten vorhandenen Quellen genutzt; daher der Leser, der so viel Werke durchzulesen nicht Zeit und Gelegenheit hat, hier, was die nordamericanische Geschichte nur immer aufklären kann, beysammen findet. Von den meisten Kriegsbegebenheiten sind nur diejenigen erzählt, die eine Veränderung entweder auf die Führung desselben, oder auf das endliche Schicksal von America, wirkten, ohne der vielen kleinen Gefechte zu erwähnen, die etwa

bey

ben Ueberrumpelung einzelner Posten oder bey Zerstörung einiger Magazine erfolgten. Gern wäre ich umständlicher bey Erzählung anderer während dem Kriege in den verschiedenen Provinzen vorgefallenen bürgerlichen Auftritte gewesen, allein wegen Mangel an Nachrichten, die sich selbst in den neuesten americanischen Schriften nicht hinlänglich finden, habe ich von diesen lieber schweigen, als a la d' Auberteuil declamiren wollen.

Meine Autoritäten hier an jedem Orte anzuführen, würde theils den Text zu oft unterbrochen, theils, wenn es in Noten geschehen wäre, dem Calender ein Hetrogenes gelehrtes Ansehen gegeben haben, dessen die Leser gern entrathen werden. Um indeß auch dem Forscher zu genügen, füge ich hier ein abgekürztes Verzeichniß der vornehmsten aus- und inländischen Bücher und Schriften bey, die ich bey der Ausarbeitung dieser Materie besonders zur Hand genommen habe.

Von dem Werth meiner Arbeit mögen andere urtheilen, übrigens aber glaube ich diesem Calender neben seinen ältern Mitbrüdern auch um deswillen eine gute Aufnahme prophezeihen zu können, weil der Verleger ganz besondere Aufmerksamkeit, Sorgfalt und Kosten an dieses Unternehmen wendet *), weil es ihm um Wahrheit und Nutzbarkeit ernstlich zu thun ist, weil er sich um authentische Nachrichten und Zeichnungen, die zu seiner Absicht dienen können, sorgfältig bemühet, und, mit einer ehrfurchtsvollen, oft ans Aengst-

*) Dahin gehört, daß drey der besten Künstler Deutschlands, die Herren Meil, Chodowiecki und Dan. Berger, die Kupfer zu diesem Calender geliefert haben, daß die Landcharte, so sauber, als wäre es eine Handzeichnung, illuminirt ist, und daß auch die übrigen ausgemalten Kupfer nicht wie sonst gewöhnlich mit Farben nur bestrichen, sondern nach den Regeln der Kunst illuminirt sind.

Aengstliche gränzenden Gewissenhaftigkeit gegen das Publicum, nach dem Beyfall desselben strebt. Halle den 30sten October 1783.

M. C. Sprengel,
Professor der Geschichte.

Anzeige der vornehmsten bey dieser Ausarbeitung benutzten Werke und kleineren Schriften.

William Douglas Summary historical and political of the first planting and progressive improvements of the british Settlements in Northamerica. London 1760. 2. Vol. 8.

Daniel Neal history of New England. London 1747. 2. Vol. 8.

Hutchinsons history of the Colony of Massachusetsbay. Lond. 1760. 2. Vol.

Smith the History of the Province of Newyork. Lond. 1776. 8.

A general history of Connecticut. Lond. 1781.

Chalmers political Annals of the present united Colonies, from their Settlement to the peace. 1763. Lond. 1780. 4.

Hector St. John Letters from an American Farmer. Lond. 1782.

Lints Remarks on the principal Acts of the thirteenth Parliament. Lond. 1775. 2 Vol.

The Rigths of Great Brittain asserted against the Claims of America. Lond. 1776.

Benj. Franklin Political, miscellaneous and philosophical pieces. Lond. 1779. 8.

Pay-

Payne Letter addressed to the Abbé Raynal. Lond. 1783. 8.

Letters to a Nobleman on the strength of the midle Colonies and the Conduct of the War. 1780.

Political Reflexions on the late Colonial Governments, by an American. Lond. 1783. 8.

State of the Expedition from Canada, by Lieut. Gen. Bourgoyne. Lond. 1780. 8.

Narrative of L. Gen. Sir William Howe, relative to his Conduct. Lond. 1781. 4.

Narrative of Lieut. Gen. Sir Henry Clinton, Lond. 1782.

An Answer which relates to the Conduct of Lieut. Gen. Earl Cornwallis. Lond. 1782.

Annual Register for 1775 --- 81.

Political Magazine. for 1781. 82. 83.

The Constitution of the several independent States of America, by Will. Jakson. Lond. 1783. 8.

Pouchat Memoires sur la derniere guerre de l'Amerique septentrionale. Yverdon T. I-III. 1781.

Hilliard d' Auberteuil Essai sur les Anglo-Americains. Paris 1782. 3. Vol.

Leiste Beschreibung des brittischen America. Wolfenbüttel 1778.

Meine (Sprengels) Geschichte der Europäer in Nordamerica. 1 Theil. Leipz. 1782.

Ebelings americanische Bibliothek. Leipz. 1778.

Melsheimers Tagebuch seiner Reise von Wolfenbüttel nach Quebec.

Canadische Briefe in Schlözers Briefwechsel. u. s. w.

Beschrei-

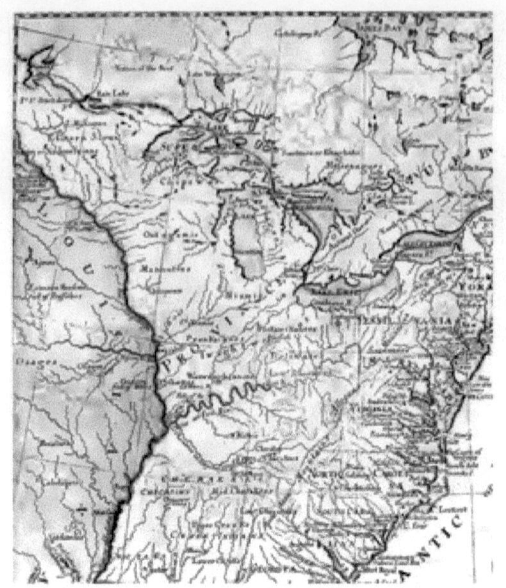

Beschreibung

der dreyzehn vereinigten Provinzen in Nordamerica.

Dieser neue Freystaat hat, seit dem eben geendigten Kriege mit Großbritannien, einen größern Umfang als irgend ein europäisches Reich, das rußische Kaiserthum ausgenommen. Das ganze innerhalb seinen Grenzen belegene Land, begriff vor dem letzten Frieden 25,470 deutsche Quadratmeilen, und das ansehnliche Stück von Canada, südwärts der großen Seen, welches England der neuen Republik 17⸗3 abgetreten hat, begreift, der gewöhnlichen Schätzung zufolge, 18,000 Quadratmeilen; folglich würde die Größe ihres ganzen Gebiets zwischen 40 ⸗ und 45000 Quadratmeilen betragen.

Dieser große Strich Landes hat eine herrliche Lage; alle Provinzen grenzen sammtlich an einander, ohne durch fremdes Gebiet unterbrochen zu werden; sie dürfen keinen mächtigern Nachbar fürchten, und jede Provinz hat einen nicht unbeträchtlichen Theil von der Küste des atlantischen Meeres inne, welches ihnen den Handel unter einander und mit der alten Welt, mit Westindien und mit Südamerica ungemein erleichtert. Selbst die neuerlangte beste Hälfte von Canada, welche einer Seits durch das spanische Florida und andrerseits durch das englische Gouvernement Quebeck vom Meere abgeschnitten ist, hat demohngeachtet mit den übrigen Provinzen fast gleiche Bequemlichkeit zum Handel. Es können nämlich, vermittelst der den Einwohnern bewilligten freyen Schifffahrt auf den großen Seen, desgleichen auf dem Mississippiflusse, die Producte zur Ausfuhr bis zum Mexicanischen Meerbusen ungehindert fortgeschafft oder auch zu Lande, leicht bis an den Connecticut- Hudsons- Delawar- und Susquehannafluß, und von da unmittelbar ins atlantische Meer geführt werden.

Alle diese Länder, Neuhampshire und ein Theil von Massachusetsbay ausgenommen, liegen unter einem gemäßigten Himmelsstrich, und in den beiden ersten ist doch die Kälte so groß nicht, den Feldbau ganz zu verhindern. Die Witterung ist sehr von der europäischen unter gleichen Graden der Breite verschieden. In den nördlichen Provinzen sind die Winter so kalt, als in Norwegen, und das Land bleibt vier bis fünf Monate hindurch mit Schnee und Eis bedeckt. Eben dieselben Gewächse und Getraidearten, welche in Europa noch jenseits des funfzigsten Grades gezogen werden, hören hier schon unter dem vierzigsten auf. Ueberall ist der Winter hier länger und kälter als in Europa, der Sommer heißer und unerträglicher, und die Witterung unveränderlicher; daher Citronen, Pomeranzen und andere Fruchtarten in heißern Gegenden, namentlich in Georgien und Carolina, zwar wachsen, aber auch nicht selten erfrieren. Die von Georgien bis Neuhampshire ununterbrochen auf 360 deutsche Meilen lang fortlaufende Küste, hat landeinwärts bis auf vierzig, und an andern Orten bis auf sechzig Meilen, einen ebenen flachen Boden. Jenseits dieser Entfernung vom Meer erheben sich die Strecken der großen apalachischen oder sogenannten blauen Gebirge *), welche die Länder des

*) Man sehe die hiebey befindliche Charte. Auf derselben sind die englischen Benennungen unverändert beybehalten worden. Es heißen also diese Gebirge Apalachian Mountains. Das jenseits derselben westwärts belegene

des neuen Freystaats von Süden gegen Norden durchschneiden, und ehedem die Grenze von Canada und zugleich die Scheidelinie ausmachten, vermittelst welcher das angebaute Land von den Wohnörtern der Wilden und von der bis zum Missisippi hin unangebauten Wüste abgesondert ward.

Verschiedene sehr ansehnliche Flüsse durchwässern diesen Freystaat von Westen nach Osten, sind aber wegen der Wasserfälle nicht alle in ihrem ganzen Laufe, oder sehr tief Landeinwärts schiffbar. Der größte Fluß ist der Missisippi der vom fünfundvierzigsten Grade nördlicher Breite, bis an Florida, diesen Freystaat gegen Westen begrenzt, den Ohio, einen in Pensilvanien entspringenden ansehnlichen Fluß, aufnimmt, und, nach einem Laufe von sechshundert Meilen, bey Neuorleans, in verschiedenen Mündungen, sich in den Mexicanischen Meerbusen ergießt. Der Patomacfluß, der an der Grenze von Virginien entspringt, eine Strecke weit der Provinz Maryland zur Grenze dient, und endlich in die Chesapeackbay fällt, durchwässert, nebst dem Susquehanna, (welcher Pensilvanien von seiner westlichen Grenze an durchströmt,) die mittlern Provinzen. Der Delawar entspringt in den noch unangebauten Gegenden von Neujork, scheidet hiernächst einen Theil dieser Provinz und Neujersey von Pensilvanien, und ergießt sich zuletzt ins atlantische Meer. Der Hudsonsfluß, welcher Neujork von Norden gegen Süden theilt, entspringt in der Grafschaft Tryon, diesseits des Sees Ontario, nicht weit von den ersten Quellen des Susque-

legene ungebaute Land, welches ehedem zu Canada, jetzt aber der neuen Republik zugehört, ist, zum Unterschiede von dem bereits urbaren Lande, mit schwächerm Gelb illuminirt, auch die ehemalige Grenze von Canada dunkelroth angedruckt.

hanna, und Delawar. Dieser Fluß ist, von Neujork bis Albany, über acht und zwanzig deutsche Meilen schiffbar. In den vier nördlichen Provinzen, (die zusammen genommen Neuengland heißen) ist der Connecticut der ansehnlichste, und an Größe übertreffen ihn, in der nördlichen Hälfte der neuen Welt, nur der Missisippi, und der große canadische Lorenzstrom. Er ist gegen 130 deutsche Meilen lang, und auf eine beträchtliche Strecke dehnen sich seine Ufer eine halbe Meile weit von einander. Etwa 50 Meilen von seiner Mündung wird er, innerhalb einem Raum von 400 Ellen, durch zwey Gebirge eingeschlossen, und zeigt eins der merkwürdigsten Schauspiele in der Natur. Der große reißende Fluß ist hier nicht über funfzehn Fuß breit, und muß sich mit erschrecklichem Toben durch dies enge Bette drängen. Das Wasser friert hier nie zu, wird aber, blos durch den heftigen Druck und den ausserordentlich schnellen Strom, dermaaßen zusammen gepreßt, daß Eisen, Holz und Kork, hier gleich schwer, nicht untersinken, und keine menschliche Gewalt hier den geringsten Eindruck in den Fluß machen kann.

Der im Jahr 1783 den 20ten Januar zu Paris geschloßne Präliminartractat, hat zwar die Grenzen des unabhängigen nordamericanischen Staats genau bestimmt, allein eigentlich nur gegen Westen verändert *). Hier macht der Missisippistrom von seinem Ursprunge an, bis daß er unter dem ein und dreyßigsten Grad nördlicher Breite Florida berührt, die neuen Grenzen der Republik,

---

*) Ein Blick auf die beygefügte Landcharte wird dem Leser hier sehr zu Statten kommen. Auf derselben ist der ganze Strich Landes, welcher den dreyzehn vereinigten Staaten von Nordamerica zugehört, gelb illuminirt. Was, oberhalb demselben roth illuminirt erscheint, ist an Großbritannien verblieben. Unterhalb, das grün illuminirte, ist spanisches Gebiet.

Republik, und scheidet sie von den spanischen Provinzen, Louisiana und Florida und von den Ländern der unbekannten Wilden. Die nördliche Grenze ist zum Theil die alte, zwischen Neuengland und Neuschottland geblieben. Sie fängt bey der Mündung des St. Croixflusses an, und läuft längs diesem Fluß, bis zu den Gebirgen, wo die großen und kleinen Flüsse entspringen, welche sich nord- und südwärts derselben, in den Lorenzfluß, und den Meerbusen Fundy ergießen. Hier ist sie, weil diese Gebirge noch nicht genau untersucht sind, und man keine genauen Verstellungen von denselben hat, nicht gewiß oder deutlich bestimmt, und kann daher den alten Streit über die Grenzen von Neuschottland wieder erneuern. Von diesem Gebirge wendet sie sich südwärts bis zum fünfundvierzigsten Grad nördlicher Breite, längs der alten nördlichen Grenze von Neuhampshire und Nerjork bis an den Lorenzfluß in gerader Linie; von hier aber, mitten durch diesen Fluß, durch den See Ontario, und weiter westwärts, durch die großen canadischen Seen Erie, Huron, Superior, ingleichen durch die Ströme und Meerengen, welche jene mit einander verbinden. Das westlichste von diesen inländischen Gewässern ist der Holzsee, (Lake of the Woods, oder Wood-Lake); auch durch ihn läuft die Grenze bis zu den Quellen des Mississippi, deren Lage aber noch nicht so genau bekannt ist, daß sie auf irgend einer Charte angedeutet zu finden wäre. Nach dieser Grenze ist das nordamericanische Gebiet, in den nördlichen Provinzen, vom Ufer des Meeres an, queer landeinwärts, von Osten nach Westen hin, über 520 Meilen, das ist, so weit als von Lissabon bis Riga, ausgedehnt. Gegen Süden scheidet eine vom Mississippi ostwärts durch den Apalachicola, Flint und Marienfluß gezogene Linie, Georgien von Louisiana und Florida, und gegen Osten macht, nach wie vor, das atlantische Meer die Grenze der dreyzehn Provinzen aus.

Das neuerlangte Stück von Canada, nebst den Ländern, die innerhalb der alten Grenze der meisten Provinzen jenseits der apalachischen Gebirge, oder in der Nachbarschaft der großen Seen liegen *), sind noch nicht angebauet, ohnerachtet das Land längs dem Ufer der Flüsse sehr fruchtbar ist. Nur sparsam trift man in dieser ungeheuren Wildniß einzelne Forts und Blockhäuser an, die Grenzen und den Handel mit den Wilden zu decken. Einen Theil dieses Landes nehmen die benachbarten Provinzen, Neujork, Pensilvanien, Virginien und Carolina, nach dem Inhalt ihrer Stiftungsurkunden, in Anspruch; allein diese Grenzen und Theilungen sind noch nicht regulirt. Wahrscheinlich wird sie auch noch so bald nicht zu Stande kommen, weil die meisten Provinzen innerhalb ihrer Grenzen unangebaute Wüsten genug besitzen, und die südlichen dadurch zu viel Land, in Verhältniß der nördlichen, gewinnen würden, welche jetzt schon ein kleineres Gebiet als jene haben. Wir werden auch vielleicht sehen, daß der Congreß dasselbe, als ein allen dreyzehn Staaten eigenthümliches Land, neuen europäischen Colonisten zum Anbau überläßt, da er die heilige Zahl der dreyzehn vereinigten Provinzen nicht durch neuanzulegende zu vermehren geneigt scheint.

Von diesen dreyzehn Provinzen ist Neuhampshire die nördlichste, und, noch zur Zeit, erst längs der Küste angebauet. Ihr Flächen-Inhalt ist 1560 deutsche Quadratmeilen und im vorigen Jahr 1783 zählte man hier 82,200 weisse Einwohner. Landeinwärts besteht Neuhampshire aus ungeheuren Waldungen, die noch für künftige Jahrhunderte reichen Vorrath von Schiff- und

*) Dieser ganze Strich ist auf der Charte um ein weniges heller gelb illuminirt als der angebaute Theil des Landes, diesseits der Gebirge nach den Ufern des Meeres hin.

und Bauholz enthalten, und aus rauhen unbewohnten Gebirgen. Hier hat sich der Anbau noch so wenig verbreitet, daß General Arnold, auf seinem berühmten Winterzuge nach Quebeck, von dem Ufer des Kenebecflusses bis zur Grenze von Canada, ein und dreyßig Tage lang marschiren konnte, ohne eine menschliche Wohnung anzutreffen. Portsmouth, an der Mündung des Piscataquaflusses, ist die Hauptstadt der Provinz, und ein ansehnlicher Handelsort, der allerley Schiffsbedürfnisse ausführt, auch mit Westindien handelt. Wenn gleich der Feldbau hier nicht ergiebig ist, so ist es die Viehzucht desto mehr, und in den Waldungen trift man Biber, Elendthiere, und anderes Wild, dessen Felle und Pelzwerk geschätzt werden, in großer Menge an. Die Provinz ist zur Zeit in fünf Grafschaften vertheilt; eine Landeseintheilung, welche man, nach Art der in England üblichen, in den angebauten Gegenden von Nordamerica überall, nur in Südcarolina nicht, eingeführt hat.

Massachusetsbay grenzt mit der vorigen gegen Süden, und ist zwar von geringerm Umfange, aber viel besser angebaut, vermögender und volkreicher: hier leben auf einem Raume von 460 Quadratmeilen, nach den neuesten Zählungslisten, 350, 000 weisse Einwohner. Boston, die Hauptstadt, ist, dem Handel, Gewerbe und Verkehr nach, die zweyte Stadt in Nordamerica, die nicht nur den vornehmsten Handel von Neuengland, sondern auch einiger südlichen Provinzen, an sich gezogen hat. Die Einwohner, deren Zahl über 5000 Seelen steigt, beschäftigen sich, ausser dem Handel, auch mit Wollenwebereyen, mit Rumbrennen, Schiffsbau und vorzüglich mit der Fischerey. An dem Vorgebirge Cod *), welches von der Menge der Stockfische seinen Namen hat, werden von ihnen jährlich auf 50, 000

*) Cod heißt im Englischen ein Stockfisch.

Centner Stockfische gefangen. Boston hat einen geräumigen Hafen, und Kriegesschiffe können in demselben sicher liegen. Marblehead, in der Grafschaft Essex treibt die größte Fischerey von allen dortigen Seestädten. Die Einwohner machen gewöhnlich alle Jahr fünf Fahrten nach Neuschottland, und oft bringen sie 120, 000 Centner getrocknete Stockfische wieder zurück. Man hält aber den neuenglischen Stockfisch nicht für so gut, als den die Engländer bey Newfoundland fangen. Der neuenglische ist zu stark gesalzen, oder vom allzuscharfen Salz etwas verdorben. Sie nehmen dazu, weil es ihnen wie allen dreyzehn Provinzen an Salz fehlt, das scharfe Salz von Tortugas, oder den Capverdischen Inseln, dagegen, zu dem Brittischen, Salz aus Portugal und Frankreich gebraucht wird. Cambridge, in der Grafschaft Middlesex, ist der Sitz einer Universität, oder des Harvardcollegiums, in welchem etwa zweyhundert Studenten, nach Weise der englischen Universitäten, von drey Professoren, der Theologie, der orientalischen Sprachen, und der Mathematik, unterrichtet werden. Falmouth, ein Handelsort auf der südlichen Küste der Provinz, exportirt viel Holzwaaren. Ausser diesen Städten liegen im Innern des Landes eine große Anzahl anderer, die aber den Seestädten sehr weit nachstehen; die meisten sind offene Oerter von vierzig bis funfzig zerstreut stehenden Häusern, von denen viele wie Salem, Rehoboth Goschen, Bethabara durch ihre Namen, eher eine Gegend von Palästina, als Wohnungen der Europäer in Nordamerica, anzudeuten scheinen. Die ganze Provinz ist in dreyzehn Grafschaften, und jede wieder in besondere Townships, oder Stadtgebiete, vertheilt. Ein solches Stadtgebiet begreift in Neuengland gewöhnlich einen Strich Landes von 23,000 Morgen, oder ein regulaires Viereck von sechs bis acht englischen Meilen. So bald sich hier sonst achtzig Familien niedergelassen hatten, oder so bald hier, nach der neuen Verfassung, hundert und funfzig

steuer-

steuerpflichtige Einwohner leben, so haben sie das Recht einen ihrer Mitbürger als Deputirten auf den jährlichen Landtag nach Boston zu schicken, und Theil an den öffentlichen Angelegenheiten zu nehmen. Die Waldungen machen, nebst dem Ertrag des Feldbaues und der Fischereyen, den größten Reichthum der Provinz aus. Sehr viel Schiffholz, Planken, sogar fertig gezimmerte Häuser, werden von hier in beträchtlicher Menge, nebst Theer, Pech, Terpentin und Potrasche, ausgeführt, und den jährlichen Gewinn der Fischerey kann man wohl auf zwey Millionen Reichsthaler schätzen. Zu Massachusetsbay gehören noch zwey Provinzen, Main und Sagadahoc, welche ganz ausser ihrem Gebiet, zwischen Neuhampshire und Neuschottland liegen, und nicht wie die übrigen Einwohner ihre Deputirten auf den Landtag der Provinz senden. Beide sind nur längs der Meeresküste bevölkert, welche sich auf siebzig Seemeilen, zum Theil innerhalb des Meerbusens Foundy erstrecken; beide haben über zwanzig Hafen, groß und tief genug für Kriegesschiffe, und die des Winters nicht zufrieren; die vornehmsten heißen Majabigwaduce, Falmouth, Sheepscut, Townsend, Penobscot, sind aber noch nicht alle zu diesem Zweck eingerichtet. Penobscot, nebst dem dazu gehörigen District an der Mündung des Flusses gleiches Namens, ist jetzt noch der wichtigste; die Einwohner treiben einen ausgebreiteten Holzhandel, und Weißtannen, welche zu sechsunddreissigelligten Mastbäumen dienen, sind in den benachbarten Waldungen eben nicht selten. Im Jahr 1772 zählte man hier 16,485 Seelen, welche es (wie der District Vermont) vergeblich versucht haben, eine eigene unabhängige Provinz zu werden. Die beiden, größtentheils von Quäckern bewohnte Inseln, Nantuket und Marthes Weinberg, nahe bey der südlichen Küste von Massachusetsbay, gehören auch noch zu dieser Provinz. Sie nähren sich blos von der Fischerey, am meisten vom Fang der Wallfische, die sie im Lorenz-

Meerbusen, in der Straße Davis, ja sogar jenseits der Falklandsinseln, im äussersten Südmeer, verfolgen. Sie vermehren sich, ohne fremde Colonisten, so sehr, daß die Inseln für fremde Bewohner oft zu enge werden, und jährlich einige derselben nach Carolina, Penobscot, und anders wohin auswandern müssen. Stantuket, ein sandigter Felsen von etwa 23,000 Morgen Landes, schickt mehr Schiffe auf den Wallfischfang als selbst Großbritannien, und hatte 1770 hundert und sieben und neunzig Schiffe in See, die mit 2150 Matrosen bemannt waren.

Rhodeisland, die dritte der unter dem Namen Neuengland begriffenen vier Provinzen, ist die kleinste von allen und nur achtzig Quadratmeilen groß. Sie besteht aus den mit Connecticut und Massachusetsbay umgebenen vier Grafschaften, und der Insel Rhodeisland, welche eine eigene Grafschaft unter dem Namen Newport, ausmacht. Das Land ist mehr zur Viehzucht als zum Ackerbau geschickt, daher die Einwohner sich damit und mit der Schiffahrt vorzüglich nähren. Da sie selber wenig zu exportiren haben, so verfahren sie die Producte ihrer Nachbaren, vorzüglich der Provinz Connecticut, nach Westindien, holen auch Sclaven aus Guinea für die südlichen. Seit 1738 haben sich hier die Einwohner dreyfach vermehrt, und 1783 zählte man hier 50,400 Seelen. Newport ist die Hauptstadt und der Handelsort dieser Provinz. Sie hat tausend hölzerne Häuser und 7000 Einwohner: ihr Hafen aber ist der beste von ganz Neuengland und allen dreyzehn Provinzen, daher er im vorigen Kriege den englischen und französischen Flotten gewöhnlich zum Winteraufenthalt diente.

Die vierte Provinz, Connecticut, hat von dem großen Flusse ihren Namen, der solche auf hundert deutsche Meilen, von Norden gegen Süden, durchströmt. Das Land ist vortreflich zum Ackerbau geschickt, und in gewöhnlichen Jahren trägt ein Morgen seinem Herrn dreyhundert Pro-

Cent

Cent ein. Die Viehzucht wird hier mit gleichem Vortheil getrieben, und Ochsen, die 1500 Pfund wiegen, sind, nebst Schweinen von 500 Pfund, nichts ungewöhnliches, daher diese Provinz einen eben so vortheilhaften Handel mit Butter, Speck und gesalzenem Fleisch, als Irrland, treibt. Eben so wichtig ist die hiesige Pferdezucht. Von 6400 Pferden, die Canada, Connecticut und Pensilvanien sonst auszuführen pflegten, kamen die mehresten aus dieser Provinz. Sie wird in sechs Grafschaften eingetheilt; ihr Flächeninhalt ist 246 deutsche Quadratmeilen, und die Zahl ihrer Einwohner 200,000 Seelen. Ihre Hauptstadt heißt Neuhafen, ein Ort, der sich jährlich vergrößert, und, neben Neujork und Newport, den Handel der Provinz führt. Hier ist der Sitz der zweyten neuenglischen Universität, des sogenannten Halecollegiums, wo etwa hundert und achtzig junge Leute, wie in Cambridge, Unterricht erhalten. Neu London hat einen bessern Hafen, dennoch aber keine Schiffahrt, oder Seehandel wie Neuhafen, ohnerachtet der Ort dazu eine sehr bequeme Lage hat.

Die Provinz Neujork, der westliche Nachbar von Connecticut, hat mit den vorhergehenden Staaten gleiches Clima, und gleichen Boden, und daher dieselben Producte. Der schiffbare Hudsonsfluß durchströmt die beste und angebauteste Hälfte dieser Provinz; vermittelst desselben haben die beiden Städte, Neujork und Albany, ein sehr bequemes Verkehr, und die Waaren aus den entferntesten Gegenden der Provinz werden auf demselben bis ans Meer gebracht. Neujork ist etwa zweymal so groß als das Königreich Neapolis, aber von den 2463 deutschen Quadratmeilen, welche ihr ganzes Gebiet beträgt, ist noch lange nicht die Hälfte angebauet. Die große Grafschaft Tryon, nebst der ganzen Gegend um die Seen, George und Champlain, ist größtentheils eine waldigte Wüste, die nicht einmal wilde Völkerschaften zur Wohnung benutzen; dergleichen große unangebaute Strecken Landes giebt es, Maryland, Delaware, Connecticut und Rhodeisland ausgenommen, in allen übrigen neun Provinzen, daher von Zeit zu Zeit neue Städte und Flecken, in den allmälig entwilderten Gegenden entstehen, und die Landeseintheilung sehr häufig mit neuen Kirchspielen, Townships und Grafschaften vermehrt wird. Nach der neuesten Zahlung leben in Neujork 206, 000 Seelen, unter welcher Zahl freye und leibeigene Neger, imgleichen die unter den Christen zerstreut wohnenden Wilden, nicht mit gerechnet sind. Die Hauptstadt Neujork, (sonst Neu-Amsterdam genannt,) ist dem Range nach die dritte Stadt in America, und liegt auf einer Insel an der Mündung des Hudsonsflusses. Vor dem 1776 erfolgten Brande, in welchem der dritte Theil der Stadt von gedungenen Mordbrennern in die Asche gelegt wurde, hatte sie 4000 Häuser, und 16000 Einwohner. Der Ort hat während des Krieges ausserordentlich gewonnen; denn von den großen Geldsummen, welche Howes und Clintons Armeen den Britten kosteten, ist gewiß ein ansehnlicher Theil allhier zurück geblieben, weil Neujork gewöhnlich das Hauptquartier der englischen Truppen war. Albany, 28 Meilen von hier, landeinwärts gelegen, trieb sonst einen großen Pelzhandel mit den Wilden, und wird auch wahrscheinlich diesen vortheilhaften Nahrungszweig behalten, indem die neuerrichtete Canadagesellschaft Albany zur Hauptniederlage des Pelzhandels gewählt hat. Der Kornbau dieser Provinz wird nur vom Pensilvanischen übertroffen. England hat wohl eher von hier 250, 000 Fässer Mehl und Zwieback, und 70. 000 Quartier Weizen erhalten, ausser was noch von hier an Korn nach Westindien, Portugal und den Häfen des mittelländischen Meeres exportirt wurde. Der Hanf- und Flachsbau beschäftigt schon viele Hände, aber verarbeitet wird davon noch wenig; es gieng bisher größtentheils roh nach Irrland und England. Eisenwerke, dergleichen auch schon in

Con-

Connecticut gebauet werden, sind hier sehr ergiebig, und aus den Eisenminen der Grafschaften Orange sind wohl eher 20,000 Pfund Sterling (120,000 Thaler) gewonnen. Die lange Insel (Long-Island) gehört mit zum Neujorker Gebiet, ein sehr fruchtbarer Strich Landes, drey und zwanzig deutsche Meilen lang, und größtentheils viertehalb Meilen breit. Die Einwohner treiben Ackerbau, Gärtnerey, Fischfang und Viehzucht, und versehen mit ihren Waaren die Stadt Neujork, deren beste Vorrathskammer diese Insel, den ganzen Krieg hindurch, gewesen ist. Ohne dieselbe würde sich auch die englische Hauptarmee, nachdem sie aus den Jerseis vertrieben war, hier schwerlich so lange haben halten können. Das Land Vermont, welches, während dem Kriege mit England, als die vierzehnte Provinz die Zahl der amerikanischen Republiken verändern wollte, gehört größtentheils zu Neujork, weshalb auch der Congreß nicht zugab, daß es sich für eine unabhängige Provinz erklären durfte. Es bestehet aus den Grafschaften Charlotten, Cumberland und Glocester, nebst einem Theil von Neuhampshire, der westwärts von Connecticut belegen ist. Das Land ist gebirgicht, hat aber herrliche Viehweiden, und streitbare Einwohner. Ihnen hat America zum Theil seine Freyheit zu verdanken, denn sie waren es, die den General Bourgoine, auf ihrem Grund und Boden, bey Bennington und Stillwater so sehr ängstigten, daß er sich hernach bey Saratoja ergeben mußte.

Neujersei ist seit 1738 von Neujork getrennt, und Boden und Himmelsstrich sind nicht sehr von einander unterschieden. Die Bevölkerung aber ist, verhältnißweise, hier viel ansehnlicher als dort, indem Neujersei auf einem Raume von 317 Quadratmeilen 130,000 Einwohner zählt. Indeß wird sie künftig ihre Einwohner nicht so ansehnlich vermehren können, indem das Land überall angebauet ist, und dieser Staat nicht, wie seine südliche Nachbaren, noch wüste, unangewiesene Districte auszutheilen hat. Hier werden verschiedene Eisen= und Kupferbergwerke bearbeitet, die reiche Ausbeute geben, und die hiesige Charlottenburger Eisenhütte wird für die wichtigste in ganz America gehalten. Ausser derselben sind hier noch 13 Schmelzöfen und 32 Eisenhämmer. Porth = Amboy ist die Hauptstadt am Ausfluß des Nariton, hat aber nur hundert Häuser; die andern, (unter welchen Trenton am Delawar, in der Geschichte des letzten Krieges, durch den Ueberfall der Hessen berühmt geworden,) sind insgesammt von gleicher Größe. Neujork und Philadelphia treiben den Handel dieser Provinz, welche durch diesen letzten Krieg, der in ihrem Gebiet und an ihren Grenzen mit aller Grausamkeit bürgerlicher Fehden geführt wurde, sehr viel von ihrem Wohlstand und von ihrer Volksmenge verloren hat. Im jahr 1768 wohnten hier 140,000 Seelen; im vorigen Jahre hingegen wurden hier nur 130, 000 gezählt. Nach Quadratmeilen gerechnet, ist Neujersei 317 Meilen groß.

Pensilvanien liegt ohngefähr in der Mitte, der neuen Republik, und eben daher hat auch wohl der Congreß in Philadelphia, der Hauptstadt dieses Landes, seinen Sitz aufgeschlagen. Dieser Staat, in welchem die Quäcker den ansehnlichsten Theil der Einwohner ausmachen, enthält 2148 Quadratmeilen, ist also zweymal so groß als die sämmtlichen Niederlande und in eilf Grafschaften vertheilt. Zwey davon, Northumberland und Westmoreland, sind wenig angebauet. Das Land ist an den Ufern des Delawar und Susquehanna, und in den südlichen Grafschaften ausnehmend volkreich, obgleich im vorigen Jahre in der ganzen Provinz nur 320, 000 Seelen gezählt wurden. Philadelphia ist die Hauptstadt, und die ansehnlichste und reichste von allen in ganz Nordamerica. Sie hat schnurgerade Straßen, und prächtige öffentliche Gebäude. Während dem Kriege zählte man hier 3000 Häuser, und vierzehn Kirchen und Versammlungshäuser davon den Quäckern drey, und den Episcopalen zwey gehören. Vor der Independenzerklärung hatten die Römischkatholischen nur hier und in Maryland freye Religionsübung; gegenwärtig zwar auch in den mehresten übrigen Colonien, allein die Rechte der Protestanten genießen sie nicht, und an der Landesregierung nehmen sie keinen Theil. Auch die mährischen Brüder sind hier zahlreich, und sie haben sich in der Grafschaf. Nordhampton, in den beiden Orten Nazareth und Bethlehem, angebauet; letzterer ist der Sitz ihres Bischofs. Hier giebt es auch verschiedene beynahe ganz von Deutschen bewohnte Städte, wie Frankfurt, Germantown rc. deren Einwohner sich mit Linnenmanufacturen und andern Gewerben beschäftigen. Die Stadt Lancaster ist nach der Hauptstadt die größte, und hat über 500 Häuser. Auf diese folgt Germantown, etwa anderthalb deutsche Meilen von Philadelphia belegen, welche aus 400 Häusern besteht. Pensilvanien liefert alle Waaren der nördlichen Colonien. Der Ackerbau ist hier in einem sehr blühenden Zustande, und die Provinz versorgt, ausser Westindien und England, die westlichen europäischen Reiche, mit ihrem Ueberfluß an Getraide; was vor dem Kriege an Mehl, Korn, Zwieback blos nach England gieng, war in manchen Jahren 450, 000 Pfund Sterl. (2 Millionen und 7mal hundert tausend Thaler) am Werth; und 1773 erhielt London allein über 4000 Buschel *) Weizen, und 1600 Buschel anderes Getraide. Die Einwohner legen sich stark auf die Bienenzucht, sammeln auch mit noch leichterer Mühe den Honig der Waldbienen, dergestalt, daß Philadelphia in manchen Jahren 20,000 Pfund Wachs nach London gesandt hat. Sonst wurde Schottland und Irrland von hier mit Flachs, Hanf, und Leinsaamen versorgt, und Irr=

---

*) Buschel ist ein englisches Getraidemaaß; der Buschel Weizen wiegt ein und sechzig Pfund.

land erhielt von letzterem gewöhnlich 30,000 Fässer. Als im Jahre 1776 diese Zufuhr ausblieb, wären beynahe alle irrländische Linnenmanufacturen zu Grunde gegangen, und nur durch ansehnliche Prämien konnte das Parlament die Einwohner bewegen, diese Waaren von der Ostsee herzuhohlen, wo sie nicht so wohlfeil als die pensilvanischen waren. Der Bergbau ist in Pensilvanien beträchtlich, und wird hier jährlich vortheilhafter. Zu der Zeit, da Acrelius eine Beschreibung von dieser Provinz herausgab, zählte man hier neun Eisenwerke und sechzehn Eisenhämmer, jetzt aber 17 Schmelzöfen und 25 Hämmer. Die Grube bey Durham, in der Grafschaft Bucks, liefert das beste Eisen. Ueberhaupt soll das pensilvanische Eisen für den Schiffbau besser als das schwedische seyn, weil es vom Rost und Seewasser nicht so leicht als jenes angegriffen wird. Pensilvaniens Eisenexporte, blos nach England, hat in manchen Jahren 35, 000 Pf. Sterl. (210 tausend Thaler) betragen. Die Waldungen liefern alle mögliche Holzwaaren zur Ausfuhr; ehemals wurden hier viele Schiffe für fremde Rechnung erbauet, und deren in Europa manches Jahr wohl fünf und zwanzig mit sammt der Ladung verkauft. Auch Pelzwerk, Felle, bereitetes und unbereitetes Leder, sind pensilvanische Producte, die den Reichthum der Einwohner vermehren. Nach der gewöhnlichen Rechnung ward davon ehedem alle Jahre für 50,000 Pf. Sterl. nach England gesandt: London erhielt, zum Beyspiel, im Jahr 1773 von hier aus 11, 595 Musquaschfelle, 7174 Rehhäute, und 1900 Otterfelle. Daß von allen fremden Emigranten die deutschen hier am zahlreichsten und zahlreicher als in den andern Provinzen sich niedergelassen haben, ist bekannt; daß sie aber hier auch von allen fremden Ankömmlingen am besten gedeihen, ist es vielleicht nicht so sehr. Nach gemachten Erfahrungen werden aus zwölf deutschen Familien, die sich hier ansetzen, gewöhnlich neune, tüchtige Hauswirthe, die den

Flor

Flor der Provinz vermehren helfen. Von eben so viel schottischen Haushaltungen pflegen aber nur selten sieben, und von Irrländern nur viere, so weit fortzukommen, daß sie sich und ihre Kinder durch eigenen Fleiß ein ordentliches Auskommen verschaffen. Pensilvanien gewinnt jährlich nicht unbeträchtliche Summen durch seinen ausgebreiteten Handel mit England, Westindien und Portugall. Etwa um 1769 rechnete man, daß die Einwohner dieser Provinz von England für 611 000 Pf. Sterl. erhielten, und daß ihre dahin gesandte Waaren 705, 000 Pf Sterl. werth waren.

Das Land Delawar ist die kleinste von den dreyzehn vereinigten Provinzen. Ihr ganzes Gebiet begreift nur die drey von Maryland Pensilvanien und der Delawarbay eingeschlossenen Grafschaften, Newcastle, Kent und Sussex. Ihre Bevölkerung steigt noch nicht höher als 35000 Seelen, die mit ihren Nachbarn, den Pensilvaniern, gleiches Verkehr treiben, und sich größtentheils vom Landbau nähren. Newcastle ist die Hauptstadt dieser Provinz und besteht aus 240 Häusern. Wilmington, eine andere Stadt, ist etwas größer, aber nicht so lebhaft, weil in der ersten die Landtage der Provinz gehalten werden.

Maryland grenzt südwärts mit den beiden vorhergehenden Staaten, und besteht aus zwey großen Halbinseln, welche der Patomacfluß, die Chesapeakbay und das atlantische Meer bilden. Sie ist jetzt wohl die begüterteste und am besten angebaute Provinz. Das Land ist nämlich hier ohne Ausnahme unter die Einwohner vertheilt worden; folglich sind große Wildnisse, dergleichen in den vorhergehenden wohl noch vorhanden, hier nirgends mehr anzutreffen, sondern längstens in Plantagen verwandelt. Es wohnen auch in keiner von den andern Provinzen verhältnißweise so viel Einwohner beysammen als hier. Maryland begreift 517 Quadratmeilen, und 1783 wurden hier 220, 700 weisse Einwohner gezählt. Unter dieser Zahl sind die Neger nicht mit begrifgriffen, die gleichwohl hier, so wie in allen südlich liegenden Provinzen, beynahe die Hälfte der Einwohner ausmachen, und zum Vortheil der Einwohner gebraucht werden; denn alle Arbeit im Felde, und überhaupt die mehresten Verrichtungen der Einwohner, geschehen hier durch erkaufte Negersclaven. Mancher Landeigenthümer oder Herr einer Plantage besitzt derselben auf 4- bis 500 Köpfe. Gewöhnlich kostet ein solcher Neger dreyßig bis fünf und dreyßig Pfund Sterlinge (180 bis 210 Rthlr). Sein jährlicher Unterhalt, den er sich selber auf den ihm angewiesenen Stücke Landes bauen muß, und der aus Yamwurzeln, Potatoes (Erdtoffeln) und Hülsenfrüchten besteht, kostet seinem Herrn wenig, und was ihm dieser an Kleidungsstücken, grober Leinwand, wollenen Zeugen und dergleichen jährlich giebt, beträgt etwa sechs Reichsthaler. Ihre Anzahl wird alle Jahr mit drey- bis viertausend frischen Negern aus Africa vermehrt. Die Provinz ist jetzt in sechzehn Grafschaften vertheilt, von denen Baltimore und Frederic den größten Umfang haben. Im Jahr 1752 waren hier zwölf Grafschaften, und 17-0 vierzehn. Eben so oft verändert sich die Landeseintheilung in den andern Provinzen, wenn neue Ankömmlinge, oder die sich alle Jahr vermehrenden alten Einwohner, die wüsten Gegenden allmählig urbar machen. Städte (auch nur von so unbedeutender Art als sie in Nordamerica gewöhnlich zu seyn pflegen) finden sich hier und weiter südwärts in geringerer Anzahl, und ihre Bevölkerung und Gewerbe ist kaum mit der Bevölkerung deutscher Dörfer in Vergleich zu stellen. Die vornehmsten Städte in Virginien, Maryland und Nordcarolina, bestehen nur aus hundert oder etwa hundert und funfzig Häusern, weil in allen südlichen Provinzen die Einwohner zerstreuter von einander wohnen, und mit ihren Sclaven und Heerden abgesondert auf ihren Plantagen leben. Annapolis ist seit 1699 die Hauptstadt von Maryland, und der Versammsammlungsort des Landtages: sie hat aber nur 150 Häuser. Der Tobaksbau ist die vornehmste Nahrung der Einwohner, und sie tauschen für die Waare alle ihnen fehlende Bedürfnisse ein, zu welchen letzteren alle Arten europäischer Fabrikwaaren, selbst, Schuhe, Hüte, Lichter, Seife 2c. gehören. Sonst durften sie ihren Tobak nur nach England versenden, wohin vor dem Kriege, jährlich 30,000 Fässer zu gehen pflegten. Nach den Einkaufspreisen gerechnet, gewann die Provinz durch diese Exporte alljährlich über eine Million (1,080,000) Reichsthaler. Man hält ihren Tobak aber nicht für so gut als den virginischen, mit welchem blos der bey Chester und Choupton wachsende von gleicher Güte seyn soll. Sonst hat Maryland einen fruchtbaren Kornboden; Mehl und Korn geht von hier stark nach Westindien, und blos für Weizen hat England zuweilen 72,000 Reichsthaler hieher bezahlen müssen. In dieser Provinz giebt es sehr einträgliche Eisenbergwerke, von denen die zu Sippi, Snowdon und North-East die bekanntesten sind. Die dortigen Waldungen liefern allerley Holzwaaren, Stabholz, Bretter 2c. auch Pelzwerk, lezteres aber nicht von der Güte, auch nicht in der Menge als die nördlichen Provinzen.

Virginien hat mit Maryland gleiches Clima und Landesbeschaffenheit, auch eben dieselben Producte. Diese Provinz ist zweymal so groß als ganz Helvetien, und enthält 5300 Quadratmeilen. Sie ist in ein und sechzig Grafschaften vertheilt, davon die größte 200,000 und die kleinste 60,000 Hufen Landes enthält. Die mehresten haben eine vortrefliche Wassercommunication unter einander, und mit der Cheseapeakbay. Der in den apalachischen Gebirgen entspringende Jamesfluß ist auf 160 englische Meilen, und der Patowmac auf zweyhundert Meilen schiffbar und vermittelst der Flüsse, die westwärts dieser Gebirge entspringen, haben die äussersten virginischen Districte Gemeinschaft mit dem Ohio und dem Missisippi. Nach den neuesten Zählungen wohnen hier 400,000 Weisse, und 130,000 Neger, und letztere werden jährlich von Guinea mit fünf bis sechs tausend Sclaven verstärkt. Die Hauptstadt heißt Williamsburg: sie liegt auf einer Halbinsel zwischen dem York und Jamesfluß, nahe an der südlichen Landesgrenze. In derselben hat König Wilhelm der Dritte das Wilhelmscollegium gestiftet, eine reiche Unterweisungsanstalt, welche 20,000 Morgen Land besitzt, und zu deren Erhaltung von jedem Pfunde Tobak, das aus Virginien nach den andern Provinzen in Nordamerica geht, eine Abgabe von etwa acht Pfennigen erhoben wird. Auf eben der Halbinsel liegt das in diesem Kriege berühmt gewordene Yorktown, in welcher Stadt sich, 1781, der General Cornwallis mit 8000 Mann den Americanern und ihren Alliirten ergeben mußte. Virginien liefert eine Menge Waaren zur Ausfuhr: Holz, Korn, Eisen, Felle, Sassafras und allerley Apothekerwaaren. Doch ist der Tobak ihr wichtigster Handelsartikel, und zugleich eine allgemeine Waare für die Einwohner. Tobak dient hier und in Maryland im Handel und Wandel statt klingender Münze. Geistliche und Weltliche erhalten ihren Gehalt in Tobak, jedes Pfund zu einem bestimmten Preis angeschlagen. Jedermann kann damit seine Abgaben entrichten, und eben weil der Tobak hier so allgemein die Stelle des Geldes in Zahlungen aller Art vertritt, so hat Virginien nicht nöthig gehabt, (wie andere Colonien zu thun gezwungen waren) Papiergeld coursiren zu lassen. England, das sonst aus Virginien 50,000 Fässer Tobak zu holen pflegte, hatte von diesem Handel eben so großen Gewinn, als die Provinz, welche diese Waare erzeugte, und führte sogar die virginischen Blätter in Rolltobak verarbeitet wieder dahin.

Nordcarolina, die eilfte Provinz stößt nordwärts mit Virginien zusammen. Von hier bis Georgien findet man überall in den unangebauten,

bauten, und bereits urbar gemachten Gegenden, ungeheure Waldungen von Kiefern und Fichten, aus denen die Einwohner durch ihre Neger Terpentin, Theer und Pech bereiten lassen; dies nebst etwas Reis und Tobak sind die Hauptwaaren, welche diese Provinz zur Ausfuhr liefert. Sie enthält 1760 deutsche Quadratmeilen, welche in 30 Grafschaften vertheilt sind. Die Zahl der Städte ist hier noch sehr klein, und die wenigsten sind groß genug, das Gefolge eines Landtags oder die Versammlung der Einwohner einzelner Districte aufzunehmen, daher man in einer jeden Grafschaft allgemeine Versammlungshäuser hat bauen müssen, wo Gericht gehalten und die Wahl der Deputirten zum Landtage vorgenommen werden können; die nordwärts gelegenen Grafschaften sind indeß ungleich bewohnter als die südlichen, welche aus einer flachen, morastigen Ebene, längs der Seeküste, bestehen. **Wilmington**, am Cap-Fearfluß, ist die vornehmste Stadt der Provinz; im Handel wird sie aber von Brunswick übertroffen, welches näher an der Mündung dieses Flusses liegt, und daher auch größere Schiffe in seinen Hafen aufnehmen kann. Die Einwohner haben sich hier sehr vermehrt; sie wurden 1783 auf 200,000 geschätzt, ohne die Negersclaven, deren Anzahl vor dem Kriege auf 40,000 Köpfe stieg. Von dieser Provinz haben wir nur sehr wenige Nachrichten; wir kennen daher ihren gegenwärtigen Zustand lange so gut nicht, als mancher andern. Ausser den angeführten Producten liefert sie auch Korn zur Ausfuhr, welches aber im Handel nicht so viel als das Getraide der nördlichen Provinzen gilt. Noch ist die Ausfuhr davon nicht beträchtlich, und vielleicht erst nach vielen Jahren wird sie im Reis- und Tobaksbau mit ihren beiden Nachbarn zu wetteifern im Stande seyn.

S ü d c a r o l i n a ist 1160 Quadratmeilen groß, also sechshundert Quadratmeilen kleiner als die vorhergehende Provinz, dabey aber noch immer ein so großes Land, als ganz Schlesien. Sie hat eben-

ebenfalls einen sehr flachen Boden, und wird von vielen schiffbaren Flüssen bewässert, unter denen der Santee und Pedee die vornehmsten sind. Diese Provinz ist noch nicht wie die übrigen in Grafschaften vertheilt, sondern nur in besondere Districte und Kirchspiele, welche, nach Maaßgabe ihrer Volksmenge, bald zehn, bald sechs Deputirte in die Volksversammlung oder Assemblee schicken. Den neuesten Nachrichten zufolge, besteht sie jetzt aus ein und zwanzig Kirchspielen, und neun Districten. In denselben wohnen 170, 000 weisse Einwohner, die zahlreichen Negersclaven ungerechnet. Charlestown ist die Hauptstadt, ein wohlgebauter blühender Ort, wo der Luxus höher als irgendwo in America gestiegen. Diese Stadt wird größtentheils von reichen Kaufleuten und Pflanzern bewohnt; auch wählen die Westindier, der gesunden Luft wegen, sie oft zu ihrem Aufenthalt, um daselbst ihre Gesundheit wieder herzustellen. Sie hat 1200 Häuser und auf 11000 weisse und schwarze Einwohner. Die übrigen Städte sind klein, unansehnlich, und eben so schlecht bevölkert, als die kleinen offenen Oerter, welche in Nordcarolina und Virginien mit diesem Namen prangen. Beaufort und Georgetown die beiden andern Seestädte in Carolina, haben nur dreyßig bis vierzig Häuser, die übrigen, wie Puresburg, wo eine Schweizercolonie sich niedergelassen, und Neubourdeaux, wo Franzosen den Weinbau, der in den südlichen Provinzen, bey besserer Bearbeitung, gewiß gedeihen muß, versucht haben, sind von gleicher Beschaffenheit. Die Provinz liefert alle Waaren der vorhergehenden; doch sind Reis und Indigo die wichtigsten. Von 160, 000 Fässern Reis, jedes zu 560 Pfunden gerechnet, welche Nordamerica sonst auszuführen pflegte, liefert Südcarolina über hundert tausend. Den Indigobau hat Großbritannien hier durch ansehnliche Prämien ermuntert, und von 1749 bis 1773 an hundert und fünf und vierzig tausend Pfund Sterling darauf verwandt.

Der hiesige Indigo ist zwar von geringerer Güte als der von Guatimala und Sanct Domingo, indessen liefert Südcarolina doch in manchen Jahren 800,000 Pfund von dieser Waare für den europäischen Handel.

Georgien, die letzte der dreyzehn vereinigten Provinzen gegen Süden, ist noch wenig angebauet. Wenn man alles Land zusammen rechnet, welches dieser Staat als zu seinem Gebiet gehörig in Anspruch nimmt, so würde die Größe desselben 3400 Quadratmeilen betragen; allein die westwärts, in der Nachbarschaft wohnenden wilden Nationen, räumen den Einwohnern davon nur etwa 536 Quadratmeilen ein, und von diesen kann man kaum das an dem südlichen Ufer des Savannah, von der Stadt dieses Namens bis Augusta, vorhandene Land angebaut nennen. Beide Städte liegen ein und zwanzig deutsche Meilen von einander entfernt. Seit der Independenz wird das angebaute Georgien in acht Grafschaften vertheilt, deren besondere Abtheilungen aber noch auf keiner Charte verzeichnet sind. Die Provinz hat in ihrer Benennung zum Theil die Namen der Häupter der Oppositionsparthey verewigt, welche bey Anfange des Nordamericanischen Krieges die Maaßregeln der Kolonien zwar heftig, aber ohne Erfolg im englischen Parlamente vertheidigten. Sie heißen Liberty, Wilkes, Richmond, Burke, Effingham, Chatham, Glynn und Camden. Die beyden letzten haben noch so wenig Einwohner, daß, da die übrigen zehn Deputirte zu dem Landtage der Provinz schicken, diese, zur Zeit nur noch, einen einzigen Repräsentanten im Unterhause haben. Diese Grafschaften liegen zwischen den Flüssen Alatamaha, und machen etwa den vierten Theil des dem Namen nach angebauten Georgiens aus. Das Clima ist hier viel heisser als in Carolina. Des Sommers ist es bisweilen an der Seeküste so heiß, daß die Einwohner im Sande Eyer sieden, ja gar Fleisch auf demselben braten können. Die Bäume blühen hier im Februar, und im Anfange des May kann man schon reifes Getraide ärndten. Die Provinz besteht noch größtentheils aus dichten Fichtenwaldungen, in welchem längs den Flüssen die Wohnungen der Einwohner zerstreut liegen. Die Hauptstadt Savannah liegt am Flusse gleiches Namens, sie besteht aus 600 meistens hölzernen Häusern, und ist regulair gebauet. Augusta ist, nach der Hauptstadt, der vornehmste Ort, der einen ansehnlichen Pelz- und Lederhandel mit den Wilden treibt und mit Savannah eine bequeme Wassercommunication hat. Die Einwohner dieser Provinz bestehen größtentheils aus Deutschen und Schotten. Man berechnete sonst ihre Anzahl etwa zwischen acht- und neuntausend Seelen. Im vorigen Jahr (1783) aber sind dort 25000 ohne die Negersclaven gezählt worden, welche letztern man erst seit 1752 hier eingeführt hat. Seit diesem Jahre hat sich die Provinz überhaupt sehr aufgenommen. Damals wurden etwa für 5000 Pf. Sterl. an allerley Waaren, auf siebzehn Schiffen, ausgeführt, im Jahr 1772 aber hatte sich die Ausfuhr auf 171, 677 Pf. St. und die Zahl der Schiffe auf zweyhundert und siebzehn vermehrt. Das Land erzeugt Reis, Tobak, Indigo, edle Früchte, Seide, und überhaupt alle Waaren, welche die großen nordamericanischen Waldungen liefern. Obgleich die Versuche, Oelbäume und indische Bambusröhre hin zu ziehen, nicht geglückt sind, auch der Weinbau hier noch nicht vollkommner, als in den andern Provinzen, geworden ist; so gewinnet doch das Land ansehnliche Summen von der Reis- Seide- und Indigo-Ausfuhr. Zuweilen sind von hier nach England 22,000 Fässer Reis, 30, 000 Pf. Indigo, und 20,000 Pf. Seide geschifft worden. Diese und andere Producte werden mit dem Anwachs der Bevölkerung zunehmen, wie sich aus dem bekannten Wachsthum, der nordamericanischen Provinzen und der Vergleichung der oben angeführten Jahre 1752 und 1772 höchst wahrscheinlich voraus sagen läßt.

Ent-

Entwurf

einer Zeitrechnung für Nordamerika.

Von der ersten Schifffahrt der Isländer nach Nordamerika, im Jahr 1001, ist das gegenwärtige 1784ste Jahr das — 783ste Jahr

Von Cabots Wiederauffindung der vergessenen nordamericanischen Länder, im Jahr 1497, — 287 —

Von der ersten Niederlassung der Europäer, unter Jacob Cartier, im Jahr 1543 — 241 —

Vom ersten Versuch der Engländer hier Colonien anzulegen, im Jahr 1584, — 200 —

Vom ersten wirklichen Anbau Virginiens; durch die Engländer, im Jahr 1607, — 177 —

Vom Anfang des Tobaksbaues, im Jahr 1616, — 168 —

Vom ersten Anbau der Provinz Neu-England, im Jahr 1620, — 164 —

Von Erbauung der Stadt Boston, im Jahr 1620, — 164 —

Von Niederlassung der Holländer in Neujork, im Jahr 1621, — 163 —

Vom ersten Kriege der Engländer und Franzosen in Nordamerika, im Jahre 1627, — 157 —

Geschichte

der nordamericanischen Independenz.

Daß mächtige Reiche durch Ueberspannung ihrer Kräfte, durch Herrschsucht, Despotismus der Regenten, und durch Sittenverderbniß der Unterthanen, sich ihrem Ende nähern; daß kleine Staaten ein Raub der größern werden; daß in den Freystaaten Partheyen und Eigennutz die bürgerliche Freyheit untergraben, und einzelne Regenten zum Erstaunen ihrer Zeitgenossen oft die wunderbarsten Veränderungen zum Flor und Verderben ihrer Unterthanen zu bewirken im Stande waren, — das alles sind wichtige, aber in der neuern Geschichte nicht ungewöhnliche Revolutionen. Ungleich seltner hingegen und in seiner Art einzig war das unsrem Zeitalter vorbehaltene Schauspiel, daß, am äussersten Ende eines kaum bekannt gewordenen oder wenigstens kaum bevölkerten Welttheils, in Nordamerica, unvermuthet und schnell, ein neuer mächtiger Freystaat emporstieg, dessen Entstehung, nach ihren Ursachen, Beförderungsmitteln und Folgen, für Zeitgenossen und Nachwelt gleich wichtig, und eben deshalb wohl werth ist, in ihrem ganzen Umfange richtig erkannt zu werden.

Und in der That, wen es nicht schon auf den ersten Anblick intereßirt, zu sehen: wie drey Millionen Menschen, auf einer großen Fläche zerstreut lebend, durch Vaterland, Sprache, und durch unendliche Religionspartheyen von einander verschieden, friedliche Anbauer eines kaum urbar gemachten Bodens, mit Künsten und Wissenschaften wenig, und mit der Kunst zu kriegen am wenigsten bekannt, ohne Geld, zum Theil gar ohne Kleider und ohne Waffen — zu sehen, wie solch ein Volk ohne lange Vorbereitung oder

Verabredung, auf eine, dem Anschein nach geringfügige, und nur entfernterweise Gefahr drohende Veranlassung, plötzlich seine Pflugschaaren verläßt, und für etwas edleres, als warum die Fürsten einander bekriegen, aus Ruhmsucht nicht, nicht aus Eroberungsgeist, sondern für die heiligsten Rechte der Menschheit, für Freyheit und Sicherheit des Eigenthums zu fechten beginnt — wie es mit geringerem Aufwand von Kräften in wenigern Jahren eben dasselbe erhielt, warum Holland in allen Welttheilen zu Wasser und zu Lande achtzig Jahre lang kämpfen mußte; wie die stehenden geübteren Heere, und alle die großen gefürchteten Hülfsmittel, die Revolutionen dieser Art in Europa unmöglich machen, wie weder offenbare Gewalt noch verborgene Arglist, den Muth, die Klugheit, und die Beharrlichkeit der Emporstrebenden zu besiegen vermochte — Wer auf jede einzelne Scene dieses großen Schauspiels nicht einen forschenden Blick zu werfen, das Ganze zu übersehen, und den Antheil der handelnden Personen gegen einander abzuwiegen wünscht — der versündige sich nicht, je ein Geschichtbuch in die Hände zu nehmen, oder rühme sich nie, für irgend etwas großes Sinn zu haben, sondern vegetire fort, und sein Beruf sey, innerhalb den engen Grenzen seines Gesichtskreises eingeschränkt zu bleiben.

Doch, der größere Theil des Publikums hat ja diesen merkwürdigen Auftritt, des entfernten Schauplatzes ungeachtet, wirklich mit besonderer Aufmerksamkeit, und vielleicht gar mit mehr Theilnehmung angesehen, als Vorfälle, die uns näher betreffen. Gleichwohl sind uns noch immer viele einzelne Begebenheiten, selbst solche, die zur ersten Gründung und zur Behauptung der nordamericanischen Freyheit am mehresten beytrugen, verborgen geblieben, oder von den Schriftstellern über diesen Krieg aus Partheylich-

kei-

keit entstellt worden. Wir können uns diesen großen Kampf zwischen Unabhängigkeit und Unterwerfung, aus den vorhandenen Erzählungen, oder Zeitungswidersprüchen, nicht im Zusammenhange vorstellen, und wie manche denkwürdige Handlung ist über die allgemein wichtigen Vorfälle nicht bereits vergessen! Sollte also dem Publicum eine Uebersicht der neuesten nordamericanischen Angelegenheiten, der ersten Beschwerden der Nordamericaner über ihren Oberherrn, die Hauptbegebenheiten des geführten Kriegs, und auf welche Weise England die Hauptstütze seiner Seemacht, seines Handels und seiner so oft bewunderten Größe verlor, nicht vielleicht so lange wenigstens willkommen seyn, bis Nordamerica selbst die interessante Geschichte seiner Freyheit aus ächten vollständigen Quellen unpartheyisch darlegt?

Die weit ausgedehnte, nordöstliche Küste der neuen Welt, der nunmehrige Freystaat von Nordamerica, den, der Länge nach, gegen Norden der St. Croixfluß von der brittischen Colonie Neuschottland, und, gegen Süden der St. Marienfluß von der spanischen Provinz Florida scheidet, und der sich, in der Breite, ostwärts, vom atlandischen Meere landeinwärts, gegen Westen bis zu den wenig bekannten Ufern des großen Missisippi erstreckt, — dieser ganze, weitläuftige Strich Landes war, bis 1606, eine unbekannte, waldichte, durchaus rauhe Einöde. Unstete Wilde, an keinen Boden gefesselt, streiften hier nur in kleinen Völkerschaften umher, sich durch die Jagd und den Fischfang zu nähren, und Europäer kamen nicht anders hieher als wenn sie, (seitdem Johann Cabot ihnen 1497 zuerst den Weg nach Nordamerica gezeigt hatte,) auf ihren zu Aufsuchung der nordwestlichen Durchfahrt und des reichen Stockfischfanges wegen unternommenen

Seereisen, an diese Küste verschlagen wurden *).

Im Jahre 1606 verschenkte Jacob der erste die weitläuftige Wildniß vom 34 bis zum 48sten Grad nördlicher Breite, von der er selber nicht wußte, ob sie festes Land oder eine Insel war, und was davon den Spaniern oder den Wilden gehörte, an zwey Handelsgesellschaften, welche diese ganze Küste, jenseits des atlantischen Meers, in zwey Provinzen, Virginien und Neuengland vertheilten. Beide Gesellschaften wollten, von London und Plymouth aus, die neue Welt zu Entdeckung einer nähern bequemern Straße nach der Südsee und zum Anbau kostbarer westindischen Producte benutzen, weshalb sie die Ureinwohner mit List und Gewalt, mit Geschenken und Versprechungen von den Meeresküsten landeinwärts zu verdrängen suchten. Aus dem ersten Anfange dieser englischen Pflanzungen, in den ersten Jahren des vorigen Jahrhunderts, wagte indeß wohl keiner, die künftige Größe der Nachkommen zu muthmaßen, denn viele Jahre lang waren ein fischreiches Vorgebirge oder die Ufer eines schiffbaren Flusses groß genug, die Neuankommenden, und die ihnen in diese Wildniß folgten oder folgen mußten,

*) Zwar hatten die Franzosen bereits früher, als 1606, in dieser Weltgegend Niederlassungen versucht, indem schon 1540 Franz der erste die Gefängnisse von Paris, Roven und Orleans ausleeren ließ, um die Ufer des großen Lorenzstroms zu bevölkern. Allein diese Colonien, so wie des berühmten Admiral Coligny in Carolina im Jahr 1560 versuchte französische Volkspflanzungen, kamen nie zu Kräften, und Canada und Acadien, wurden erst, nachdem die Britten sich in Virginien und Neuengland ausgebreitet hatten, von Frankreich aus, durch Colonisten ordentlich bevölkert.

nußten, zu ernähren. Zwar wurden jährlich mehr Kolonisten herüber gesandt, das neue Land zu besetzen, allein die Eigenthümer zogen demohneractet lange Zeit über keinen Vortheil davon, weil die Kosten der ersten Ausrüstung durch die Producte der neuen Colonie und was durch den Tauschhandel mit den Wilden gewonnen ward, bey weitem nicht ersetzt wurden. Ueberhaupt hatten diese Handelsgesellschaften zu viel und mehr Land erhalten, als sie je mit Einwohnern zu besetzen im Stande waren. Die Vorsteher hatten sich durch Projectmacher bethören lassen, hier edle Metalle und Diamantgruben zu vermuthen, daher mit den ersten virginischen Colonisten mehr Goldschmiede, Markscheider, und Juwelierer, als Ackerleute und Hauswirthe herüber geschickt worden waren, und die englischen Schiffe statt der Ladung zuweilen vermeynten Goldsand zurück nahmen. Mangel, Krankheiten und Kriege mit den unversöhnlichen Wilden, die ihre erste Willfährigkeit gegen diese Fremden zu bereuen anfiengen, rafften die Ankömmlinge schaarenweise weg, so daß von fünfhundert Personen, die nach und nach herüber geschickt worden, nach Verlauf von sechs Jahren, (1612) nicht mehr als sechzig am Leben waren. Endlich stand auch das dem schnellern Fortgang dieser Anpflanzung im Wege, daß die virginischen Colonisten von ihrem Oberherrn, der Londner Gesellschaft, nicht als freye Leute, sondern als Leibeigene behandelt wurden. Für diese mußten sie das Land anbauen, die Wildnisse urbar machen, und alle Früchte ihres Schweißes in die Magazine der Gesellschaft abliefern. Viele von den ersten Colonisten waren nur auf gewisse Jahre zum Dienst der Gesellschaft angenommen, und erwarteten sehnsuchtsvoll den Zeitpunkt, nach Verlauf ihrer Dienstjahre Altengland wieder zu sehen. Man hielt in England damals einen beständigen Aufenthalt in Virginien der Verbannung gleich, und als einst, im Anfange der Colonie, die Einwohner von Jamestown den

Einfall hatten, das benachbarte Land unter sich, ohne Erlaubniß der Gesellschaft, zu vertheilen, konnte nur die Drohung, hier lebenslang verbannt zu seyn, sie von ihrem Vorhaben abschrecken.

Das Schicksal von Virginien änderte sich indeß schon 1615. In diesem Jahre wurden die hieher geschickten brittischen Leibeigenen aus ihrer ungewöhnlichen Sclaverey befreyet; sie erhielten Landeigenthum, und konnten, was sie mit ihrem Schweiße gewonnen, ruhig verzehren. Aber noch fehlte ihnen zum Glücke des Lebens, und zur Theilung ihrer Sorgen, ein wesentliches Bedürfniß der Gesellschaft. Die Colonie hatte bis dahin blos aus unverehlichten Mannspersonen bestanden und bis 1618 waren zwey Frauenzimmer hier die Einzigen ihres Geschlechts. Damals befahl Jacob auch diese nach Virginien zu senden, und neunzig züchtige Jungfrauen wurden von England hieher geschickt, die die Londner Gesellschaft den Meistbiethenden für hundert bis zwey hundert Pfund Tobak überließ. Zu eben dieser Zeit fieng man in England an, Verbrecher als dienstbare Knechte der Colonisten auf bestimmte Zeit nach Virginien zu verbannen; dies hat bis zum Anfang des letzten Krieges fortgedauert, und ihre Anzahl sich bisweilen so sehr vermehrt, daß manche Provinzen die Einfuhr derselben verboten, und den Abschaum des Londner Gesindels, (von denen oft vierhundert in einem Jahre transportirt wurden,) nicht einmal als Sclaven aufnehmen wollten.

Neuengland, die zweyte Colonie, aus welcher, nebst Virginien und einigen andern mit der Zeit vereinigten, englischen, holländischen und schwedischen Volckspflanzungen, allmählig der heutige Freystaat der dreyzehn Colonien entstand, hatte bey seinem Anbau noch mehr Schwierigkeiten als Virginien zu überwinden. Der Feldbau gelang, wegen der harten Winter, der nördlichen Lage der Provinz, und der Unfruchtbarkeit des Bodens,

Bodens, in den ersten Jahren nur selten. Die hier wohnenden Wilden waren streitbarer als die virginischen, und suchten die Ausbreitung der Europaer mit den Waffen in der Hand zu verwehren. Die Einwohner wurden mit ihren Nachbaren, den Holländern und Franzosen, die sich ohne Erlaubniß der brittischen Gesellschaften in Neuniederland (das ist, in der heutigen Provinz Neujork und in Acadien) niedergelassen hatten, in Grenz = und Handelsstreitigkeiten verwickelt, und die brittischen Eigenthümer der Provinz, die sich mit den Vortheilen des Stockfischfangs an den neuengalischen Küsten begnügten, sandten den ersten Colonisten, von England aus, zu selten Verstärkung nach. Vielleicht wäre der größte Theil von Neuengland noch jetzt unangebauet, oder in demselben schwachen volkarmen Zustand, wie Neuhampshire oder Canada, hätten nicht die Religionsfehden der englischen Episcopalen und Presbyterianer die letztern hieher verdrängt. Seit 1620 eilten also Presbyterianer, entweder von der bischöflichen Kirche verfolgt, oder aus eigenem Triebe, hieher, um in fernen Wildnissen, von aller Gemeinschaft, weltlich Gesinnter geschieden, ihren geistlichen Betrachtungen nachzuhängen. Sie zerstreuten sich, bald nach ihrer ersten Ankunft, in so viele kleine unabhängige Gemeinden, daß das Land, vom Cap Cod in Massachusetsbay, bis zum Connecticutfluß, nicht nur sehr bald angebauet, sondern auch in eben so viel unabhängige kleine Demokratien zertheilt ward, von deren Geschichte wir nichts weiter wissen, als daß sie gegen einander mit dem unversöhnlichsten Verfolgungsgeist wütheten, 1620 Boston erbauten, 1633 das erste mit eigenem Fleiß gewonnene europäische Korn ärndteten, und endlich, durch jährliche Emigranten verstärkt, sich in vier besondere Staaten vereinigten. Diese bestehen noch, unter dem Namen: Massachusetsbay, Rhodeisland, Connecticut und Neuhampshire. Sie haben sich nachher, (unter dem Namen Neuengland genauer verbunden,) in der nordamericanischen Geschichte, und in den neuesten Streitigkeiten mit England, vor allen andern berühmt gemacht. Bis 1632 bestand also das ganze brittische Nordamerica bloß aus den beyden Provinzen Neuengland und Virginien, die aber damals einen weit größern Umfang, als gegenwärtig, hatten. Ihren Eigenthümern, der Londner- und Plymouther-Handelsgesellschaft, gehörte alles Land, was jetzt die dreyzehn vereinigten Colonien unter sich vertheilt haben, und noch mehr als sie jetzt besitzen, denn Jacob schenkte ihnen ganz Nordamerica, vom atlantischen Meer bis an die Südsee. Allein, ehe sie ihr weit ausgedehntes Gebiet, welches beynahe die Hälfte der neuen Welt begriff, bevölkern und anbauen konnten, fanden sich, auf ihren unbesetzten Küsten, andere Colonisten ein, ohne die mindeste Rücksicht auf das ältere Besitzungsrecht der Britten zu nehmen.

Im Jahr 1614 ließen sich Holländer am Hudsonsfluße nieder, und Schweden 1627 am Delawar, in der Nachbarschaft von Philadelphia. Auch Britten, die nicht zu den Gliedern der Londner- und Plymouther-Gesellschaft gehörten, versuchten in den bereits von der Krone verschenkten Ländern, besonders in dem Gebiet von Virginien, neue Volkpflanzungen. Auf diese Weise ward Nordamerica sehr bald längs dem Ufer des Meers, angebauet, und 1664 erkannte die ganze Küste, von Virginien bis zu den nördlichsten Grenzen von Neuengland, die brittische Herrschaft. Die Holländer in Neuniederland hatten die in Europa vergessene schwedische Colonie erobert, sie wurden aber in dem Kriege Carls des zweyten mit den vereinigten Niederlanden 1664 wieder von den Britten bezwungen, und endlich im Frieden zu Breda, nebst der ganzen Colonie gegen Suriname vertauscht. Damals schon giengen deutsche Schweitzer- und Irrländer-Emigranten, in großer Anzahl, hieher, entweder weil Neuländer,

länder *), die unter diesem Namen in Oberdeutschland bekannt genug sind, die Fruchtbarkeit der nordamericanischen Provinzen in fliegenden Blättern vergrößerten oder, weil Religions- und Steuerfreyheit unterdrückten Europäern zu anziehend waren, um länger in ihrem Vaterlande bey der größten Anstrengung ihrer Kräfte mit ihren Kindern zu darben. Zu den Kosten des Anbaues und der Ueberfahrt so vieler fremden und einheimischen Colonisten gab die Krone, jetzt, eben so als bey der ersten Gründung von Virginien und Neuengland, nicht das mindeste her. Alles ward entweder von den Colonisten selbst, oder von den Handelsgesellschaften und solchen Privatpersonen zusammen gebracht, die ihr Glück durch Coloniewesen versuchen wollten. Einigen dieser letztern hatte der Hof große Districte mit allen landesherrlichen Rechten geschenkt, ohneachtet das bewohnbare Nordamerica schon vorher unter beyde Handelsgesellschaften völlig vertheilt war, auch Frankreich und Spanien große Ursache hatten, sich diesen allzufreygebigen Schenkungen des Hauses Stuart zu widersetzen, weil sie sich zugleich mit über Canada, über Mexico, und alles Land vom atlandischen Meere bis an die Südsee erstreckten.

Es ist der Ort nicht, hier umständlich die Entstehung jeder der dreyzehn vereinigten Colonien, nebst allen ihren Veränderungen, bis auf die Trennung von Großbrittannien, zu erzählen; vielmehr wird, zur Uebersicht der Geschichte der Independenz, hinlänglich seyn, hier kurz anzuzeigen, wie außer Virginien und Nevengland die übrigen Provinzen von Britten bevölkert, oder auf

 andere

*) Diesen Namen führen im Reich die holländischen Werber, welche unter allerhand Versprechungen deutsche Ackerleute und Handwerker nach Amerika locken.

andere Art mit dem brittischen Staate verbunden wurden.

Maryland, Carolina und Pensilvanien wurden von den brittischen Privatpersonen angebauet, denen die Krone, in dem Zeitraum von 1632 bis 1682, diese Provinzen erb- und eigenthümlich schenkte. Lord Baltimore, ein römisch-katholischer Pair, bekam Maryland zu seinem Antheil, und bestimmte diese, größtentheils durch die Chesabeakbay von Virginien geschiedene Halbinsel, seinen in England verfolgten Glaubensgenossen zum Zufluchtsort. Die auf seine Kosten hieher gesandten Colonisten wurden seine Unterthanen; er konnte von ihnen Abgaben heben, die Waffenfähigen zur Landesvertheidigung brauchen, und allen möglichen Nutzen aus diesem Lande ziehen. Er konnte hier sogar unter seinem eigenen Stempel Geld münzen, ein Vorrecht, das außer ihm nur Massachusetsbay vor der Independenzerklärung auszuüben versucht hat. Hätten seine Nachfolger nicht die Regierung dieses herrlichen Landes Statthaltern überlassen, und den Aufenthalt in England einer Wohnung in der neuen Welt vorgezogen; so wären sie mit der Zeit reiche mächtige Erbfürsten eines beträchtlichen Landes geworden, das an Größe dem Kirchenstaat, der Insel Sicilien, oder dem Herzogthum Schlesien wenig nachgab, und seinem Herrn bey vermehrtem Anbau gewiß gleiche Einkünfte, mit ungleich geringerer Bedrückung der Einwohner, verschafft haben würde. Etwa dreyßig Jahr später entstand an der südlichen Grenze von Virginien, in dem heutigen Carolina, ein anderes brittisches Fürstenthum, das König Karl der zweyte 1663 acht vornehmen brittischen Herren schenkte, die das Land nebst der Regierung unter sich theilten, einem der Eigenthümer aber, mit dem Titel eines Pfalzgrafen, die Oberaufsicht ihrer Colonie auf Lebenszeit einräumten. Auch sie verpflanzten fremde und einheimische Colonisten her, die durch den Reis- und Tobaksbau sich bald

aus

aus ihrer Dürftigkeit erhoben, und Charlestown, ihre Hauptstadt, zu einem der wichtigsten nordamericanischen Handelsplätze machten. Obgleich alle von Britten bisher gegründete Colonien in ihrer Verfassung die Regierungsform ihres Vaterlandes nachahmten, so war doch die erste Verfassung von Carolina, die der berühmte Weltweise Locke entwarf, am genauesten nach der brittischen gebildet. Ein erblicher Adel, der damals noch nicht in Nordamerica existirte, auch jetzt nicht in diesem Lande der Freyheit geerbte Vorzüge zum Nachtheil seiner Mitbürger misbrauchen darf, saß in Carolina, so wie in England und Irrland, als zweyte gesetzgebende Macht, im Oberhause der Provinz, dergleichen in den übrigen entweder gar nicht vorhanden war, oder nur aus solchen Gliedern bestand, die den Repräsentanten der americanischen Unterhäuser am Ansehen völlig gleich waren, und von diesen aus ihren Mitteln gewählt wurden. Indessen war diese Regierungsform der Colonie nicht ganz angemessen. Die Eigenthümer wollten Carolina von England aus regieren, von derselben nur Vortheile ziehen, und nichts zur Erhaltung, Verbesserung und Beschützung derselben aufwenden, daher die Grundherren, theils gezwungen, theils freywillig, im Jahr 1729 der Krone ihre Gerechtsame verkauften.

Pensilvanien war, von 1683 bis 1775, ein Eigenthum der Familie Penn, die alle Gerechtsame der Oberherrschaft hatte, und große Einkünfte davon zog, wenn letztere gleich nur in einer geringen Grundzinse, von jedem zum Anbau angewiesenen Morgen Landes bestanden, die etwa einen Groschen betragen mochte. So wie Neuengland die Puritaner vor den Verfolgungen der Episcopalen sichern sollte, und die römischkatholischen Engländer aus gleichem Grunde Maryland mit ihrem Vaterlande vertauschten; eben so bestimmte der Quäcker Penn seinen in England und America mit äußerster Strenge verfolgten

Glaubensgenossen die Provinz Pensilvanien zum Wohnort, wo sie ungestört nach ihren Grundsätzen leben konnten. Er führte hier zuerst den in Nordamerica unbekannten Geist der Duldung ein, und nahm jedermann, der nur das Daseyn Gottes glaubte, in seiner Provinz auf. Er verbot seinen Unterthanen, die ursprünglichen wilden Einwohner mit Gewalt aus ihren Jagdplätzen zu vertreiben, oder von ihnen, durch starke Getränke berauscht, gegen vergängliche europäische Kleinigkeiten, Ländereyen einzutauschen, wie in den andern Colonien häufig genug geschahe, und Rhodeislands Beyspiel auffallend beweiset, indem diese vier Meilen lange Insel im Jahr 1636 gegen ein Paar Prillen von den Wilden erkauft wurde. Penns Toleranz, seine unermüdete Sorgfalt für das Beste des Landes, und die Güte des Bodens, zog nach Pensilvanien viel Fremde, und vorzüglich viele Deutsche hin. Diese sind in unserm Jahrhundert so zahlreich geworden, daß ihre Anzahl jetzt über 100,000 Seelen steigt, daher auch die deutsche Sprache dort in ganzen Districten herrschend ist, und die Regierung, wie die Stempelacte beweiset, wirklich auf Maaßregeln dachte, die allzu große Ausbreitung der Deutschen zu verhindern, indem diese das, von Grenvillen für die Colonien bestimmte, englische Stempelpapier doppelt so theuer als die englischredenden Colonisten bezahlen sollten. Mit Pensilvanien ward damals das Land Delawar vereinigt, woselbst, bey Penns Ankunft, die Ueberbleibsel von Neuschweden wohnten. Allein diese Provinz wurde nie dem Staate Pensilvanien ganz einverleibt; sondern sie behielt ihre abgesonderte Verfassung und machte ihre Gesetze auf besondern Landtagen. Schon 1715 weigerten sich die Einwohner von Delawar der Familie Penn die Grundzinse zu entrichten, (die jeder Einwohner in Pensilvanien derselben zahlte,) und beriefen sich darauf, daß König Carl der zweyte, in dem Stiftungsbriefe von Pensilvanien, dem Wilhelm Penn

nur

nur allein die Gegend zwischen Virginien und Neujork zugetheilt hätte, die damals noch nicht von andern christlichen Völkern besetzt gewesen. Nunmehr ist Delawar, die kleinste von allen jetzt vereinigten Provinzen, durch die Independenzerklärung, völlig von Pensilvanien unabhängig geworden.

Die beyden Provinzen **Neujork** und **Neujersei** sind brittische Eroberungen, welche Holland, im Frieden zu Breda, an England abtreten mußte. Die erste hieß vorher Neuniederland, und Neujersei war ein Theil von Neuschweden, welches die Holländer 1655 mit ihrem Gebiete vereinigten. Carl der zweyte, unter dessen Regierung sie erobert wurden, schenkte beyde Provinzen seinem Bruder Jacob, damaligem Herzog von York, der den alten Namen des Landes in Neujork veränderte, und, was zwischen den Flüssen Hudson und Delawar lag, den Lords Berklei und Carteret, unter dem Namen Neujersei, überließ. Beyde traten 1712 ihre Rechte auf diese Provinz wiederum der Krone ab, welche sie eine Zeitlang von neuem mit Neujork verknüpfte, seit 1736 aber als eine besondere Provinz regieren ließ.

Es ist noch die südlichste der dreyzehn vereinigten Provinzen, **Georgien**, übrig, auf deren Anbau die brittische Regierung beträchtliche Summen verwandt hat, indeß alle vorhergehende ohne ihre Unterstützung empor kamen. Georgien war bis 1732 ein Theil von Carolina. Damals befreyte eine Gesellschaft edelmüthiger Britten eine Anzahl ihrer unvermögenden Landsleute aus den Schuldgefängnissen, und gab ihnen das Land an den Ufern des Savannah zur Wohnung ein. Ihnen folgten bald viele Salzburger, die ihr Landesherr, der Religion wegen, aus ihrem Vaterlande vertrieb. Das englische Parlament bewilligte zum Fortkommen derselben jährlich ein Ansehnliches, und von 1735, bis auf den Ausbruch der Unruhen in America, hat England zur

Unter=

Unterstützung dieses Districks 380,000 Pf. Sterl. (ohngefähr 2 Millionen und 280,000 Thaler) verwendet.

In diesen drenzehn, größtentheils weit ausgedehnten Provinzen, wohnten, bis auf den Bruch mit England, Emigranten, verschiedener Völker und Religionen, ruhig neben einander, und hin und wieder mit den kleinen Ueberbleibseln der Ureinwohner vermischt. Sie genossen einer größern uneingeschränkten Frenheit, als die Einwohner in den gerühmten europäischen Frenstaaten; und nur selten ward sie, durch Religionsfehden, Privatstreitigkeiten, oder die gewöhnlichen Gährungen der Demokratien, unterbrochen. Der Fleißige ärndtete den Lohn seiner Arbeit ruhig ein, ohne den besten Theil mit einem Heer stehender in Friedenszeiten zum Wohl der Mitbürger nicht genug beschäftigter Soldaten, mit Steuereinnehmern und Monopolisten theilen zu dürfen. Gewöhnlich konnte sonst ein Emigrant, der mit einigem Vermögen nach America kam, und sich dort ein Jahr ohne fremde Benhülfe erhalten konnte, bald so viel Land kaufen und urbar machen, sich und seine Familie reichlich zu ernähren. Der Preis unangebaueter Länderenen, welche im Innern der Provinz liegen, ist gegen den Länderpreis in Europa, und selbst gegen den in den angebauten Gegenden von America, außerordentlich geringe. In Pensilvanien kauft man sonst vierzig Morgen Landes für dren Pf. Sterl. (achtzehn Reichsthaler) dortiger Münze, und einen jährlichen Grundzins, von etwa vierzehn bis funfzehn Groschen, von dem ganzen Striche Landes, der nicht erhöhet werden durfte. In Neuhampshire, das frenlich vier Grade nördlicher liegt, werden Länderenen um einen noch viel geringern Preis verkauft, und hundert Morgen Land bezahlen dort nicht mehr, als etwa sechs bis acht Groschen jährliche Grundzinse. Und doch sind diese verkauften unangebaueten Aecker nicht überall mehr in dem Stande ihrer alten ursprünglichen

lichen Wildheit. Gewöhnlich hat sie vorher ein Jäger bewohnt, der die dichten Waldungen, des Wildes und des Pelzhandels wegen, durchstreift, hin und wieder einen Fleck Landes zum Ackerbau bereitet, und eine Hütte, nach Art der Wilden, aus über einander gelegten Balken und Bäumen erbauet hat. Dieser überläßt seine Wüste gern betriebsamern oder wohlhabendern Feldbauern, um in dichten Waldungen eine reichere Jagd zu haben. Doch, nicht allein vermögende Colonisten, sondern selbst solche Emigranten, die ohne Vermögen nach America gehen, die ihre Schiffsfracht (immer ein Kapital von sechzig Thalern) von Deutschland oder von England aus nicht bezahlen können, und, um diese zu verdienen, sich dorten als Arbeiter oder Knechte auf gewisse Zeit bey den angesessenen Einwohnern verdingen müssen, selbst diese haben, wenn sie fleißig sind, eine gewisse Aussicht, ihre Umstände zu verbessern. Sie können von ihrem ersparten Lohn, da der Dienstherr ihnen, außer freyer Kost, auch Kleidung zu geben schuldig ist, Land kaufen, oder halburbare Gegenden auf vortheilhafte Bedingungen pachten, und ihren Kindern ein mit eigenen Händen erbautes Landgut hinterlassen. Keiner wird hier in seiner Religion gestört, und der intolerante Verfolgungsgeist, der im vorigen Jahrhunderte in Neuengland wüthete, hat im gegenwärtigen hier seine Anhänger und Vertheidiger verloren. Jeder kann hier, wenn seine Grundsätze nur nicht der allgemeinen Ruhe und Sicherheit schaden, ungestört leben, ohne sich zu irgend einer Kirche zu bekennen; daher sich in America so außerordentlich viel Abweichungen von den vornehmsten christlichen Religionspartheyen finden, und viele weder dem Namen noch den Lehrsätzen nach bekannt sind. Eine gleiche Freyheit herrscht hier überall in der bürgerlichen Verfassung. Keiner darf hier die veränderliche Willkühr, oder die Launen kleiner Tyrannen, oder mächtiger Despoten fürchten.

Jeder

Jeder angesessene Mann, oder jeder Bürger, der seine Abgaben zahlt, er mag Landmann oder Handwerker seyn, nimmt persönlich an der Landesregierung, und an den öffentlichen Verfügungen Antheil, die für alle gemacht werden. Dies geschieht vermittelst der so genannten Volksversammlungen auf den Landtagen, die in jeder Provinz jährlich zu bestimmten Zeiten gehalten werden. Weil aber die mehresten Provinzen zu groß sind, als daß jeder freye Mann den Landtag besuchen könnte, oder manche Einwohner bey Verwaltung öffentlicher Geschäfte zu viel an ihren eigenen versäumen würden, so kommen die Einwohner jeder Stadt, oder eines jeden besondern Bezirks unter sich zusammen, und wählen da aus ihrer Mitte eine nach Verhältniß der Bevölkerung bestimmte Anzahl von Abgeordneten. In Georgien können, in den erst anzubauenden Landschaften, Districte, wo zehn Familien wohnen, einen solchen Abgeordneten auf den Landtag senden; sind der Familien dreyßig beysammen, so schicken sie zwey Deputirte; und wohnen hundert Hausväter an einem Orte, so kommen zehn davon auf den Landtag. In andern Provinzen werden verhältnißweise weniger Abgeordnete gewählt; Connecticut zum Exempel, welches überhaupt 200,000 Einwohner haben mag, schickt in allen nur 146 derselben auf den Landtag. Damit aber in dergleichen Volksverhandlungen unter den Mitgliedern die größte Gleichheit herrsche, und keiner dem andern an Rang oder Titel überlegen sey; so darf kein in öffentlichem Amt oder Titel stehender Mann, vielweniger ein Lord oder Adlicher, zum Deputirten gewählt werden, und in manchen Provinzen sind sogar alle Vorrechte und Vorzüge des Adels förmlich aufgehoben. Auf diesen Landtagen nun wählen die zusammen gekommenen Deputirten, im Namen aller ihrer Mitbürger, die Richter und andere obrigkeitliche Personen, von denen sie regiert seyn wollen, nach ihrem Gutdünken, und zwar nur auf eine gewisse eingeschränkte Zeit,

theils

theils damit diese Richter nicht zu alt im Amte werden, und ihre Gewalt misbrauchen, theils damit ein Mann, der unverdienterweise gewählt worden wäre, nach Verlauf einiger Zeit durch einen bessern ersetzt werden könne. Ferner wird in diesen Volksversammlungen das Beste der Provinz überlegt, Verordnungen und Abgaben entworfen, und, nach der Mehrheit der Stimmen, festgesetzt. Auf diese Art bezahlt ein Americaner keine andre Abgaben, als die er selbst für nöthig befunden und bewilligt hat; hier kann kein Befehl eines entfernten, mit den individuellen Umständen der niedern Classen, unbekannten Monarchen oder Finanzministers dem Unterthan so oft er will, einen Theil seines Erwerbs rauben! Stehende Armeen, welche in Europa die Steuern so sehr vermehrt haben, sind hier unbekannt. Jede Provinz hält eine Landmiliz, worinn jeder gesunde männliche Einwohner ohne Ausnahme, entweder in Person, oder durch einen Stellvertreter, bestimmte Jahre dienen muß. Wegen dieser Ursache und der eben nicht zahlreichen Klassen besoldeter Civilbedienten, imgleichen weil von diesen letztern manche, (zum Beyspiel die sogenannten Friedensrichter) ihr Amt ohne alle öffentliche Belohnung verwalten, lassen sich die geringen Summen erklären, welche die Provinzen sonst zu ihren jährlichen Ausgaben nöthig hatten. Diese stiegen ehedem in Connecticut nicht höher als 4000 Pf. Sterling, etwa 24000 Reichsthaler, daher von einem Morgen Landes hier jährlich nicht mehr als etwa acht deutsche Pfennige entrichtet werden durften. Neujork brauchte sonst zu seinen Staatsausgaben nicht mehr als 4500 Pf. Sterl. ungefähr 27,000 Reichsthaler. Mit 8000 Pfunden (48,000 Rthlr.) wurden in den beyden volkreichen Colonien Pensilvanien und Virginien sonst alle Regierungskosten bestritten, und die Einwohner von Georgien zahlten eigenlich gar nichts, weil der Mutterstaat, England, alle Civilausgaben über-

nahm

nahm, die ebenfalls nicht höher, als auf drey bis vier tausend Pfund Sterl. stiegen.

Ob nun gleich die Americaner ihren alten Oberherren, außer den Zöllen von der Einfuhr fremder Waaren, nichts für den Schutz bezahlten, den sie, seit ihrer ersten Niederlassung, in den mit den Wilden und mit den Franzosen ausgebrochenen Kriegen genossen, obgleich England alle Kosten der Vertheidigung dieser Länder trug, und noch im vorletzten Kriege mit Frankreich, selbst die gegen Frankreich und Spanien gebrauchten Provinzialtruppen mit seinem eigenen Gelde bezahlte, so konnten die Americaner doch an allen Freyheiten und Vorzügen der brittischen Nation Theil nehmen. Sie waren in England aller Aemter und Würden fähig, sogar vom brittischen Parlament nicht ausgeschlossen. England war mit den Vortheilen zufrieden, die es von dem Handel mit ihnen hatte, und, um diese nicht zu verlieren, waren die Zolleinrichtungen in America gemacht, daß dort alles, was von England eingeführt wurde, keinen Zoll bezahlte, sondern nur solche Waaren, die aus Westindien oder andern europäischen Reichen kamen. Eigentlich war ihnen aller Handel mit den Fremden verboten; sie durften zwar Holzwerk und Lebensmittel nach Westindien, Korn, Reis und Fische nach Portugal, Spanien und andern europäischen Ländern führen, aber ihr Pelzwerk, Tobak, Eisen, Hanf, Schiffsholz, und manche andere Waaren nur den Britten verkaufen, und selbst in denjenigen europäischen Ländern, wohin ihnen die Ausfuhr ihrer Producte erlaubt war, durften sie nicht einmal manche ihnen fehlende Artikel kaufen, sondern mußten sie aus England, um einen viel höhern Preis holen. Kurz, England suchte den Handel mit seinen Colonien, so viel möglich, gegen fremde Theilnehmer zu schützen. Eben deswegen ward hier von englischer Seite das Aufkommen der Manufacturen auf alle Weise verhindert. Manche, z. E. Stahlhütten, Blechfabriken, und

Drathmühlen, durften gar nicht angelegt werden, andere nur bloß für ihre Provinz arbeiten. Fabrikwaaren durften nicht aus einer Provinz in die andere eingebracht werden; so war zum Beyspiel den Pensilvaniern verboten, die bey ihnen verfertigten Hüte, Leinwand und Strümpfe ihren südlichen Nachbarn zu verkaufen. Unter Georg dem zweyten ward sogar verordnet, daß die Hutmacher in den Colonien keinem ihrer Negersclaven dieß Handwerk lehren sollten, damit sie, durch den wohlfeilern Preis des Arbeitslohns, den englischen Hutfabriken keinen Abbruch thun möchten. Doch, vor dem Pariser Frieden 1763 wurden diese Handelseinschränkungen eben nicht sehr genau beobachtet. Die englischen Zollbedienten hatten nicht Nachdruck genug, alle Uebertretungen der Parlamentsacten, in Zoll- und Handelssachen, zu ahnden. Indessen behauptete England bis auf die berüchtigte Stempelacte seine Herrschaft über Nordamerica ungestört, und die Versuche der Colonien, sie zu schwächen, oder aufzuheben, wirkten nur unmerklich auf ihre Verminderung. Als Oberherr der Colonien veränderte England zuweilen die Regierungsform derselben, schrieb den Einwohnern ohne ihre Beystimmung Gesetze vor, bestellte Statthalter über dieselben, welche in den Provinzialversammlungen dieselben Vorrechte hatten, deren (im Parlamente von England) der König genießt, und die folglich Gesetze, welche die dortigen Landesversammlungen für ihre Mitbürger entwarfen, bestätigen oder aufheben konnten. Bey alledem war die brittische Oberherrschaft hier weder fest, noch in allen Colonien gleich gut gegründet. Einige, wie Rhodeisland und Connecticut, waren wirklich von England ganz unabhängig. In beyden Demokratien war die Regierung ganz in den Händen der Einwohner. Großbrittannien hatte hier nichts weiter zu sagen, als was etwa die Zollgefälle betraf; daher auch nach der Independenzerklärung, als jede Provinz ihre Regierungsform

form mehr demokratisch bildete. Connecticut und Rhodeisland bey ihrer alten Verfassung verblieben sind, und keine Veränderung in derselben gemacht haben. In andern Provinzen, welche, wie Pensilvanien und Maryland, ihre eigene Landesfürsten hatten, war alle Gewalt in dieser, als der Eigenthümer, Händen, die aber mit den Unterthanen in beständigem Streite lebten, and mit der steigenden Volksvermehrung immer mehr an Ansehen, Einfluß, und Gewalt über die Unterthanen verloren. In den sogenannten Königlichen Regierungen, wo die Krone den Statthalter und seinen Rath einsetzte, (der hier so viel als das Oberhaus im brittischen Parlament vorstellen sollte, aber nie das Ansehen oder die Gewalt desselben besaß,) hatte, dem Anscheine nach, der Hof viel zu sagen; allein der Gouverneur hieng mit seinem Rath, in Absicht ihrer Besoldungen, von dem Unterhause ab. Das Oberhaus wurde aus dessen Mitgliedern gewählt, behielt seine Würde nicht länger, als es dem Statthalter, oder der Volksversammlung gefiel, und konnte daher nie mit dem Nachdruck des von der Krone und vom Volke gleich unabhängigen englischen Oberhauses, als eine Schutzwehr gegen Monarchie und Demokratie handeln, wenn entweder der König oder das Volk, ihre Gewalt über ihre Grenzen auszudehnen suchten; daher prophezeiheten aufmerksame Beobachter lange vor dem Kriege, von dem wir Augenzeugen gewesen sind, eine Revolution in Nordamerica, und eine wahrscheinliche Trennung der Colonien von England, sobald der Mutterstaat geschwächt seyn, oder America sich stark genug fühlen würde, seine Unabhängigkeit behaupten zu können.

Wirklich hat Großbritannien, über die Theilnehmung an den Welthändeln und über seine einheimischen Zerrüttungen, America vielfältig vernachläßiget, und die meisten Verordnungen in Ansehung deßelben bloß nach seinem Interesse gemodelt, ohne allemal zu erwägen, ob sie auch in den Colonien Misvergnügen erregen könnten. Die wahre Lage des Landes, der Geist der Einwohner, ihre vereinigte Stärke und Abneigung gegen alle bürgerliche und Religionseinschränkung, waren der herrschenden Parthey in England nicht immer bekannt, oder sie verdeckte die wahre Gestalt der Sachen, nachdem es ihre Absicht erforderte. Gab es doch selbst bey dem schon ausgebrochenen letzten Kriege in England, Personen von Ansehen, die in America gedient hatten, und demohngeachtet behaupteten, mit ein Paar Regimentern Neuengland bezwingen, und den Congreß auseinander sprengen zu können! Viele Glieder der Regierung glaubten, daß, weil England gewöhnlich alle Jahre für beynahe zwey Millionen Pf Sterl. von den Producten der Colonien kaufte, (indem der Mangel an baarem Gelde dort immer so groß war, daß man seine Bedürfnisse, statt sie einzukaufen, nur eintauschen, oder, wie in andern Provinzen geschahe, mit Papiergeld bezahlen mußte,) die Colonien nie im Ernst daran denken würden, sich von England loszureißen, oder, daß England Versuche dieser Art, durch seine furchtbare Seemacht, und durch seine vielen Freunde und Anhänger in den Colonien, leicht würde vereiteln können. Am mehresten verließ sich das englische Parlament, im Fall eines wirklichen Aufstandes in Neuengland, darauf, daß die südlichen und nördlichen Colonien, ein ganz verschiedenes Interesse hätten, welches eine gemeinschaftliche Vereinigung aller Provinzen gegen den Mutterstaat so gut als unmöglich machen würde. Eben daher versäumte man auch beym ersten Ausbruch des Misvergnügens in Neuengland die Ausbreitung desselben über andere Provinzen zu verhindern, oder, die Versammlung des Generalcongresses, eben so wie im Jahre 1754 wirklich geschahe, zu vereiteln, da die Furcht vor Frankreichs Macht in Canada eine Vereinigung sämmtlicher Colonien, unter einem brittischen Generalpräsidenten, zu erfordern schien, und

sämmt-

sämmtliche Colonien, zu ihrer Vertheidigung und zu Besorgung ihrer Angelegenheiten, in der Stadt Albany eine Art von Generalcongreß veranstalten wollten. Auch die abweichenden Grundsätze des in England so oft abwechselnden Ministeriums, wo die Nachfolger den Entwürfen ihrer Vorgänger gemeiniglich entgegen handeln, hat gewiß die Trennung der Colonien von dem Mutterlande befördert. Mehr als Einmal war der Hof in Begriff in einzelnen Provinzen seine wankende Herrschaft zu befestigen, allein, eine bald erfolgende Staatsveränderung vereitelte alle bereits genommene Maaßregeln, und erleichterte es nachher den Colonien, von neuem Versuche gegen die englische Oberherrschaft zu wagen. Massachusetsbay, welches, von seiner zweyten Bevölkerung durch Europäer an, die unruhigste von allen englischen Colonien war, maßte sich im vorigen Jahrhundert verschiedener Hoheitsrechte an, die England den Einwohnern unmöglich einräumen konnte. Die dortige Regierung erweiterte eigenmächtig ihre Grenzen, schloß die Bekenner der englischen Kirche von allen Aemtern aus, und verfolgte sie, trieb, der Schifffahrtsacte ungeachtet, den Handel mit der ganzen Welt, den sich England dadurch allein vorbehalten wollte, und behauptete zuletzt, daß sie den Gesetzen eines Landes nicht unterworfen seyn könnte, aus welchem ihre Vorfahren, mit Erlaubniß der Regierung, ausgewandert wären. Carl der zweyte hob daher alle Freyheiten auf, die diese Provinz, kraft ihrer Stiftungsurkunden besaß, und war im Begriff, Massachusetsbay mit einigen benachbarten Colonien zu vereinigen, und hier die ganze demokratische Verfassung aufzuheben. Allein, dieser Plan ward durch die bürgerlichen Unruhen in England, während seiner und seines Bruders Regierung, vereitelt. Wilhelms des dritten Minister vernichteten, bald nach der Revolution, alle für Neuengland nachtheilige Verfügungen des Hofes, und ertheilten der Provinz Massachusets-

bay

bay 1691 einen neuen Freybrief, worinn ihre alte demokratische Verfassung bestätigt wurde, und die Krone sogar einigen ihrer wichtigsten Vorrechte freywillig entsagte. Als, unter eben dieser Regierung, Connecticut, im Anfange dieses Jahrhunderts, anfieng seine Unabhängigkeit von England zu behaupten, sollte Lord Bellamont hergesandt werden, die Verfassung von Nordamerica, die Freyheiten der Unterthanen, und ihre Beschwerden, zu untersuchen, und Englands landesherrliche Rechte gegen alle Eingriffe zu sichern. Allein, über den Tod des Königs, und den gleich nachher folgenden spanischen Succeßionskrieg, ward die ganze Untersuchungscommißion aufgehoben. Pensilvanien wäre im Jahre 1712 gewiß eine königliche Provinz, und dadurch näher mit dem brittischen Interesse vereinigt werden, hätte die Regierung sich bemüht, die angefangenen Unterhandlungen wegen des Verkaufs dieser Provinz zu beendigen. Von 12000 Pf. Sterl. die der Eigenthümer Penn für das grosse Land foderte, (welches die sämmtlichen Niederlande und alle Staaten des Königs von Sardinien an Größe übertrifft,) waren wirklich 2000 abbezahlt. Aber Penn ward vom Schlage gerührt, und darauf wahnsinnig; dieser Unfall und das nachher folgende Utrechter Friedensgeschäft verzögerten den Vergleich, und in der Folge hielten Georgs des ersten Minister diese Provinz nicht für wichtig genug, denselben zu erneuern. Daß die verschiedenen Grundsätze der, in den ersten Jahren der Regierung Georgs des dritten, so oft abwechselnden Staatsminister, nicht nur die genauere Verbindung der Colonien mit England, die Grenville vorhatte, vereitelten, sondern auch die Gährungen über die Stempelacte, und über andere Verfügungen, (welche England, bald nach dem ersten Pariser Frieden, wegen seiner Colonien zu treffen, für gut fande) beförderten, dieß versichern selbst nordamericanische Schriftsteller, und in vielen Provinzen würde man die Stempelacte angenommen haben, wenn nicht die laut gesagte Meynung der Oppositionsparthey die Americaner aufgemuntert hätte sich zu widersetzen.

Die nothwendigen Folgen des letzten Krieges mit Frankreich und Spanien, die großen Staatsschulden, womit er England beschwerte, vielleicht auch die Kenntniß, welche die Regierung während desselben von den Kräften, Gesinnungen und von dem Freyheitsdrang der Nordamericaner erlangte, machten England endlich auf seine Colonien aufmerksamer. Der Pariser Friede hatte das englische Gebiet mit Florida und Canada erweitert; Großbrittannien ward dadurch in der nördlichen Hälfte der neuen Welt herrschend, und bey den Beschwerden der englischen Unterthanen über die fortwährenden Kriegslasten war es gewiß keine Tyranney oder Habsucht der Regierung, einen Theil dieser Lasten auch auf America auszudehnen, welches, zu Verminderung der dadurch verursachten Nationalschulden, nichts beytrug. England hatte seit 1739 zwey grosse kostbare Kriege geführt, die bloß durch Streitigkeiten mit Spanien und Frankreich, über den Handel und die Grenzen von Nordamerica, ausgebrochen waren. Der letztere hatte die Schulden des brittischen Staats von fünf und siebenzig Millionen Pf. St. bis auf hundert und sechs und vierzig vermehrt. Englands Ausgaben zur Unterstützung und Vertheidigung von America, welche vor 1755 jährlich etwa 70,000 Pf. Sterl. ausmachten, waren seit dem Frieden bis 350,000 Pf. gestiegen, denn, alle in Nordamerica befindliche englische Garnisonen wurden nicht von den Provinzen erhalten, deren Grenzen sie gegen die Wilden schützten, sondern England besoldete und versorgte sie mit allen Bedürfnissen. Wegen dieser vermehrten Ausgaben, weil ferner America bisher nichts an England gezahlt hatte, und der geringe Ertrag der Zölle wieder auf die Colonien verwand wurde, verlangte nun endlich der Mutterstaat eine Beyhülfe. England machte damals

keine

keine Forderung, welche die Kräfte der Colonien überstieg, die, durch den Krieg und dadurch, daß die Franzosen aus Canada vertrieben worden waren, ungemein gewonnen hatten. Es verlangte nicht einmal von ihnen die ganze Summe, welche die Erhaltung des Staats von America den Britten kostete, sondern nur einen Theil derselben, und dieser sollte nach dem Schluß des englischen Parlaments, durch den auf einige Waaren vermehrten Zoll, und durch den Ertrag des Stempelpapiers, zusammen gebracht werden. Allein, dieser Versuch, Großbrittanniens Revenüen durch nordamericanische Abgaben, zu vermehren, ward in den Colonien mit ausserordentlichem Misvergnügen aufgenommen. Ausser den Vorstellungen, welche einige Provinzen gegen das Taxationsrecht des Parlaments eingaben, beschlossen einige, im Fall Großbritannien bey dem Vorsatze beharren würde, die Colonien zu taxiren, Handel und Verkehr mit England aufzuheben. In Neuengland, vorzüglich in Boston, begieng der Pöbel die größten Ausschweifungen gegen die Personen und Häuser einiger königlichen Bedienten.

Obgleich die Stempeltaxe gewöhnlich als die Ursache des allgemeinen Murrens in America angegeben wird; so waren es doch die neuen Zolleinrichtungen nicht weniger, die den Schleichhandel mehr als ehedem einschränkten und fremde sonst wohlfeilere Waaren auf den Preis der brittischen erhöheren. Vermittelst dieser neuen Einrichtungen, wurden fremde Waaren, die America nicht gerade über England erhielt z. E. ostindische Zeuge, Leinewand, Schleyer 2c. mit fünf Procent höherem Zoll belegt. Dergleichen Waaren wurden, zum Nachtheil der englischen Schiffsfahrt, in ganzen Ladungen entweder aus den französischen Zuckerinseln oder von den Holländern, eingeführt. Letztere konnten, wenn sie gleich ostindische Waaren in den Auctionen der englischen Gesellschaft in London erkauften, diese den Colonien noch immer zu wohlfeilern Preisen überlassen, weil auswärts verkauften ostindischen Waaren, in England, unter dem Namen Rückzoll, eine grössere Summe vom Einfuhrzoll erlassen ward, als, wenn eben diese Waaren aus England gerade nach den Colonien giengen. Vorgedachte Erhöhung des Zolls in America, welche eigentlich den Handel fremder Nationen mit dem brittischen Handel in ein Gleichgewicht bringen sollte, ward als die größte Handelsbedrückung, und Störung des nordamericanischen Handels, nach Westindien verschrien, wohin sie, hieß es, ihre Producte, an Holzwerk, Fischen und Lebensmitteln, nun nicht mehr senden könnten. In der That aber war jene Erhöhung keine wirkliche Einschränkung ihres Handels, und der Ertrag derselben so geringe, daß in allen americanischen Zollstädten, die westindischen mit eingeschlossen, im Jahr 1765 nicht mehr als 72,000 Pf. Sterl. von dem ganzen Waarenzolle, und 1769 in ganz Nordamerica nur etwa der fünfte Theil dieser Summe, gehoben ward *).

Von der Stempelacte erwartete der damalige Finanzminister Grenville eine desto sichrere Einnahme, weil ihre Hebung wenig Kosten verursachte, weil die Steuer mit den Proceßkosten und andern gerichtlichen Ausgaben unmerklich bezahlt ward, und weil sie nur Vermögende traf; indeß ward sie erst 1765 eingeführt. Man wollte den über

*) Nach einem in England bekannt gemachten Auszuge der Zollregister, trug der Seezoll der vornehmsten nordamericanischen Handelsstädte im Jahr 1769 nicht mehr als 15000 Pf. Sterl. ein; davon bezahlte Savannah in Georgien 300 Pf.; Südcarolina 2200; Nordcarolina 800 Pf.; Virginien 2200; Maryland 900; Pensilvanien 2200; Neujork 2000; Connecticut 1000; Rhodeisland 800; Massachusetsbay 2300 Pf. Sterl.

über diese Taxe unzufriedenen Colonisten Zeit lassen, sich mit der englischen Regierung über ein jährliches freywilliges Schutzgeld zu vereinigen, oder etwa, statt des Stempelpapiers, der Krone eine weniger lästige Steuer zu bewilligen. Grenville trat darüber mit einigen Agenten der Americaner wirklich in Unterhandlung, und als diese die Stempeltaxe aus dem Grunde verwarfen, weil sie den rechten freyer Britten zuwider wäre, indem Nordamerica in dem englischen Parlament, welches die neue Steuer von ihnen foderte, keine Repräsentanten hielte, rieth er ihnen, wegen dieser wichtigen Sache, die Nordamerica eben so genau mit England verbinden würde, als es Schottland schon seit der Union (1707) ist, mit dem Parlament in Unterhandlung zu treten: allein, diese Vereinigung ward nie weiter im Ernste betrieben, entweder, weil die Colonien die Nachtheile und Schwierigkeiten vorsahen, die ihre Union mit England haben würde, oder, weil sie den Absichten des Hofes im Wege seyn mochte, der, bey einer solchen Vermehrung von Parlamentsgliedern, eine größere Majorität zu überwinden oder zu gewinnen gehabt haben würde. Endlich ward beschlossen, die Stempeltaxe in America, aller Vorstellungen ungeachtet, einzuführen, und es giengen wirklich Schiffe, mit dieser verhaßten Waare beladen, nach den Colonien, und nach Westindien ab, dessen Inseln der neuen Abgabe ebenfalls unterworfen wurden.

Die zahlreichen Vertheidiger der Colonien, und selbst der Congreß, bestreiten nicht allein die Befugniß des Parlaments in America zum Vortheil Großbritanniens, das Stempelgeld und andre Steuren zu heben, sondern sie führen auch darüber laute Beschwerden, daß das Parlament auf ihre gegründete Einwendungen gegen das Taxationsrecht Großbritanniens, und auf die für Nordamerica gefährlichen Folgen der Stempelacte, keinesweges geachtet habe. Allein, Petitionen oder Vorstellungen gegen Parlamentsschlüsse zu verwerfen, hat man in England nie für Tyranney und Unterdrückung gehalten, weil nicht leicht ein allgemein verbindender Parlamentsschluß gefaßt wird, der nicht Einwendungen und Beschwerden veranlassen sollte; daher das Parlament bey einer jeden Sitzung dergleichen Vorstellungen verwirft, ohne daß darüber weitere Unruhen erregt werden. (Noch im vorigen Jahre verwarf das Parlament die Vorstellung der Londner Kaufleute, und vieler andern Handelsstädte, gegen die neue Auflage auf Rechnungen und Quittungen, entweder weil es keine andere Steuer fand, die so viel als der neue Quittungsstempel eingebracht haben möchte, oder weil gegen andere Auflagen wieder andere Einwendungen zu befürchten waren.) Das Parlament hatte noch außerdem sehr gegründete Ursache, die im Jahr 1764 eingereichten Vorstellungen der Americaner zu verwerfen. Sie waren nemlich in einer Sprache abgefaßt, in welcher die Regierung nicht gewohnt war, von den Unterthanen Beschwerden anzunehmen, sie waren mit Drohungen angefüllt, und endlich ward in denselben das Taxationsrecht des englischen Parlaments, das Großbritannien bisher ungehindert ausgeübt hatte, in Zweifel gezogen.

Ob das Parlament befugt war, den Nordamericanern Steuern aufzulegen, oder ob nicht vielmehr diese Ursachen und Gründe hatten, sich den brittischen Steueredicten zu widersetzen, weil sie selber alle Ausgaben ihrer Staatsverwaltungen trugen, und in dem Parlament, welches ihnen die Schatzung auferlegte, keine Stimme hatten? über diese Frage ist, sowohl in als außer England, genug gestritten worden. Das Kriegesglück hat zwar in diesem Streit für America entschieden, und daher scheint diese Beantwortung jetzt vielleicht überflüßig. Allein, weil ihre Frage über die Rechtmäßigkeit dieses Krieges von Seiten Englands entscheidet, und die wirkliche

Ver-

Veranlassung desselben in ein anderes Licht setzt, als viele Leser ihn zu sehen gewohnt sind; so verdient sie hier, so weit der Raum gestatten will, eine kurze Erläuterung.

Ohnmöglich kann man dem brittischen Parlament das Recht absprechen, von den Americanern Stempelgeld, oder eine andere Taxe zu fordern, und dieß aus folgenden Gründen. Großbritannien war Oberherr dieser Länder, und ward von denselben immer als Oberherr angesehen. Keine Urkunde, worinn die Freyheiten der nordamericanischen Colonien bey ihrer Gründung oder nachher näher bestimmt wurden, befreyete sie von Steuern und Abgaben an Großbritannien, und endlich so hat Großbritannien dieses Vorrecht vor der Stempelacte, verschiedentlich ohne alle Weigerung der Colonien ausgeübt.

Daß Großbritannien, seit der wirklichen Besitznehmung von Nordamerica, immer über diese Länder Oberherrschaft ausgeübt habe, kann wohl schwerlich bestritten werden. Die Einwohner der Colonien nannten sich selber brittische Unterthanen, und genossen in diesem Verhältniß alle Vorzüge und Freyheiten eingeborner Britten. Großbritannien hat die Gesetzgebung, die Verfassung und den Handel der Colonien, ohne allen Widerspruch verändert, eingeschränkt, und selbige seinen Verfügungen unterworfen. Großbritannien war Herr des Bodens, und, außer Maryland und Pensilvanien, wo dieß Eigenthum besonderen Herren des Bodens abgetreten war, verkaufte die Krone das unangebaute Land um einen Preis, den sie festsetzte, und der von einem jeden, der sich hier niederlassen wollte, an sie bezahlt werden mußte. Großbritannien ließ die Colonien durch seine bestellte Befehlshaber regieren, zog durch Monopolien mit den Producten dieser Länder, und durch den ausschließlichen Handel dahin, eben die Vortheile, als Spanien und Portugal von ihren westindischen Nebenländern, und übte, bey aller Gelegenheit, alle oberherrliche Gerechtsame aus, solche ausgenommen, denen es bey Gründung der Colonien, in den ihnen ertheilten Stiftungsbriefen, entsagt hatte.

In diesen aber hat die Krone, den einzigen Fall mit Maryland ausgenommen, sich nie des Rechts begeben, ihnen Steuren aufzulegen. Es findet sich in keinem einzigen der andern Freybriefe eine Spur von Steuerfreyheit, vielmehr läßt sich aus denselben darthun, daß, selbst in den ältesten Colonieurkunden, wo die nach America geflüchteten Britten noch nichts zu geben hatten, die Krone außer den Vortheilen des Handels bey ihrer Anlegung immer die Vermehrung der Einkünfte zur Absicht hatte, und sich daher von dem Ertrage der vermeynten reichen Bergwerke den fünften Theil der gewonnenen edlen Metalle ausbedung. Die Colonien würden auch nicht unterlassen haben, sich auf ihre Charters zu berufen, so oft das Parlament für gut fand, englische Zölle und Abgaben auf sie auszudehnen, oder, wie nur in unsern Tagen erst geschehen, dieses Recht ernstlich zu bezweifeln. Nur in der Charter von Maryland findet sich eine Stelle, worinn Carl der erste für sich und seine Erben die Einwohner dieser Provinz von allen Abgaben an England befreyt, nach welcher also diese Provinz allein ein Recht hatte, über die vom Parlament verlangten Taxen Beschwerden zu führen. Dagegen beweist eben diese Urkunde zugleich, daß man in England, bey Gründung der Colonien das Taxationsrecht über dieselben als einen Theil der brittischen Oberherrschaft ansahe, indem darüber Befreyungen ertheilt wurden.

Vielleicht aber hat England dieß Taxationsrecht vor der Stempelacte nicht ausgeübt; wenigstens behauptet dies Herr Burke in seiner berühmten zum Besten der Colonien 1775 gehaltenen Parlamentsrede. Allein, sobald sich nur die Colonien aus ihrer Unbeträchtlichkeit zu heben anfiengen, so legte England ihnen Steuern und Gaben auf,

auf, die zum Besten des herrschenden Staats verwandt wurden. Das berühmte lange Parlament in England, welches sich in der Geschichte dieses Reichs, durch Behauptung der englischen Steuerfreyheit so sehr auszeichnete, hat zuerst das Taxationsrecht über die Colonien ausgeübt, und es verordnete 1646, daß diese so gut als die englischen Unterthanen, die Accise an England bezahlen sollten. Einige Jahre vorher befreyte eben dieß Parlament die Provinz Massachusetsbay, auf eine bestimmte Zeit, von den Abgaben an England. Folglich zweifelte man hier damals keinesweges an der Verbindlichkeit der Colonien zu den brittischen Taxen etwas beyzutragen. Vielleicht könnte man hiegegen einwenden, daß diese Acte in unruhigen Zeiten, während der Anarchie, da das Rump-Parlament und Cromwel über England tyrannisirten, verfaßt worden. Allein nachher, als die königl. Gewalt wieder in England hergestellt ward, behauptete das Parlament sein Taxationsrecht nach wie vor, und eine Acte unter Carl dem zweyten vom Jahr 1672 beweiset dieses aufs deutlichste. Der König verlangte damals vom Parlament wegen des Krieges mit Holland, der seine Staatscasse erschöpft hatte neue Subsidien. Unter den Geldbewilligungen, die damals gemacht wurden, gieng eine bloß die americanischen Colonien an. Das Parlament verordnete, in der Absicht dem englischen Staat eine Revenüe zu verschaffen, oder durch americanische Abgaben die Einkünfte des englischen Staats zu vermehren, daß, von allen Producten der Colonien, die aus einer derselben in die andere giengen, dort zur einheimischen Consumtion verbraucht würden, und die bisher keinen Zoll entrichtet hatten, ein eben so hoher Zoll wie in England bezahlt werden, und der Ertrag in die Kassen der englischen Schatzkammer fließen sollte. Dieser Abgabe unterwarfen sich die Colonien unbedingt; sie ward von besondern dazu verordneten Königl. Bedienten gehoben, und war, wenn man alle Umstände zusammen nimmt, eine wirkliche innerliche Taxe *), oder, wie Herr Franklin sie in seinem berühmten Verhör definirt, eine Last, die man dem Volke wider seinen Willen aufbürdete, welche Befugniß dem brittischen Parlament von den Anhängern und Vertheidigern des Parlaments verschiedentlich ist geleugnet worden. Von dieser Zeit an bis zur Stempelacte finden sich zwar keine Beyspiele, daß den Colonien neue Abgaben vom Parlament wären auferlegt worden, ob sie gleich einige derselben so gut wie die andern englischen Unterthanen zu bezahlen im Stande waren. Allein, daß dieß nicht geschehen, gehört zu den besondern Eigenthümlichkeiten der brittischen Staatsverfassung, die von jeher nicht allen Vortheil aus ihren Nebenländern gezogen hat, den sie daher haben konnte. Irrland, ein von England bis 1779 ganz abhängiges Reich, bezahlte nie etwas zu den in England seit dem Utrechter Frieden jährlich sich vermehrenden Steuern, sondern der herrschende Staat begnügte sich mit dem Vortheil, den er durch die Einschränkungen des Handels in Irrland, imgleichen dadurch erhielt, daß Irr-

*) In dem Streit zwischen England und America über das Taxationsrecht, machen die Vertheidiger der Colonien immer einen Unterschied zwischen äußerlichen und innerlichen Taxen. Aeusserliche nennt man Abgaben, die auf Waaren gelegt sind, die nach America geführt werden, die der Käufer nicht anders bezahlen darf, als wenn ihm die Waare gefällt. (Wie aber, wenn er keine andere Waaren, keine Leinwand, Tuch, Wein, Rum ꝛc. kaufen kann und darf, als die mit dieser Abgabe belegt sind?) Innerliche Taxen heißen diejenigen, bey denen diese Wahl nicht Statt findet, sondern denen man sich schlechterdings unterwerfen muß.

Irrland ihm im Kriege einige ihrer Truppen überließ und besoldete. Von den Inseln Jersey und Guernesey, imgleichen von Minorca, zog Großbritannien eben so wenig Einkünfte, es schickte vielmehr jährlich ansehnliche Summen für die Besatzungen und andere nothwendige Ausgaben dahin. Die reichen Einwohner der englischen Zuckerinseln bezahlten, bis auf die, auch hier eingeführte, Stempelacte, nur einen geringen Zoll von ihrer Ausfuhr, indeß die Flotten, welche ihren Handel, und ihre englischen Garnisonen, die ihren Boden beschützten, lediglich aus den Staatseinkünften des Mutterlandes unterhalten wurden. Nach eben diesem Grundsatz wurden nun auch von den Nordamericanern keine andere Abgaben zur Vermehrung der englischen Staatseinkünfte gehoben. — Großbritannien hat folglich vor 1764 das Taxationsrecht wirklich ausgeübt, und damals, durch Einführung der Stempelacte, die Vorrechte der Colonien keineswegeś gekränkt, sondern nur eben dasselbe von ihnen verlangt, was ihre Vorfahren, schon vor hundert Jahren, unweigerlich bezahlt hatten.

Die Gründe also, womit die Vertheidiger, der Colonien ihre nachherigen Maaßregeln, welche zuletzt eine völlige Trennung von England bewirken mußten, entschuldigen, sind wirklich so überzeugend nicht, als sie scheinen. Dennoch aber hatten die Colonien nicht ungegründete Ursachen, Beschwerden über die neuen Auflagen zu führen, und nachher Bewegungen dagegen zu machen, als Großbritannien sie mit Gewalt durchsetzen wollte. Vor der Stempelacte waren sie ungefähr mit England in demselben Verhältniß wie Irrland. Großbritannien zog von ihnen durch seine Monopolien große Handelsvortheile, und ihre Steuern und Abgaben vermehrten eigentlich die brittischen Staatseinkünfte nicht, denn alles, was die Zölle einbrachten, und noch mehr, wurde wieder auf America verwandt. Daß England ansehn-

ansehnliche Vortheile hatte, war durch die Zollregister, ferner dadurch, daß die americanischen Kaufleute den Britten immer große Summen schuldig blieben, und endlich durch den großen Geldmangel, der, des so ausgebreiteten Handels ohnerachtet, in allen Colonien herrschte, genugsam bewiesen. Da nun England von ihnen allein, und nicht zugleich von Irrland und von seinen andern Nebenländern, eine Beysteuer zur Tilgung seiner Schulden und zur Verminderung seiner Ausgaben forderte; so wurden sie gewissermaßen den Britten unterwürfiger, als ihre übrigen Mitunterthanen, unterwürfiger, als sie vorher gewesen waren. Die neue Taxe untergrub, ihres anscheinenden geringen Betrages ungeachtet, den Wohlstand der Americaner, und setzte sie allmälig in ihre ursprüngliche Armuth und Dürftigkeit wieder zurück. Vermittelst derselben bezahlte America immer noch mehr an England, als vorher, bloß durch den nachtheiligen Handel. Auch dieser Handel mußte für America, (so wie dessen Volksmenge zunahm, und England den Handel seiner Colonien mit fremden Reichen immer mehr einschränkte) je länger je nachtheiliger werden. America bedurfte von den brittischen Waaren alljährig mehr, dagegen die Ausfuhr seiner eigenen Producte nach England und andern Ländern nicht in gleichem Verhaltniß stieg noch steigen konnte. Endlich, so konnten die Nordamericaner leicht voraus sehen, daß die Stempeltaxe wohl nicht lange die einzige Abgabe bleiben würde, die sie Großbritannien bezahlten, sondern daß ihr wahrscheinlich bald mehrere folgen würden, sobald England nur einmal den Vortheil geschmeckt hätte, einen Theil seiner Lasten auf Nordamerica wälzen zu können, und sobald ein Parlamentsschluß, aller Widersprüche der Colonien ohngeachtet, hinlänglich war, die Hälfte der neuen Welt mit einer Steuer zu belegen, um die englischen Einkünfte zu vermehren. Rechnet man zu allen diesem nun noch hinzu, daß in England selbst über die Frage: „Ob Großbritannien seine Colonien beschatzen dürfe,“ so große Uneinigkeiten herrschten, daß im Parlamente viele Glieder das Widerstreben der Nordamericaner öffentlich billigten, daß ferner Nordamerica, durch Vertreibung der Franzosen aus Canada, mächtiger geworden, und des Beystandes von Großbritannien nicht so sehr als vor diesem Frieden bedurfte; so darf man sich nicht wundern, wie diese von England so weit entfernten, großer Freyheiten gewohnte Colonien, bey der Furcht selbige zu verlieren, alles anwandten die Einführung der Stempeltaxe zu verhindern.

Zum Unglück erscholl die Nachricht, daß die Stempelacte den 22 März 1765 beyde Häuser des Parlaments durchgegangen, und die königliche Bestätigung erhalten hatte, zuerst in Neuengland, welche Provinz lange vorher schon Grundsätze von Unabhängigkeit geäußert, und, vermöge ihrer beynahe ganz demokratischen Verfassung, vor den übrigen besondere Freyheiten voraus hatte. In Boston und in einigen andern Städten, in Connecticut und Rhodeisland, verbrannte der Pöbel die Parlamentsverordnung öffentlich, plünderte die Häuser der Zollbedienten, und anderer königlichen Officianten, zwang einige derselben, in ihren Geschäften kein Stempelpapier zu brauchen, und die bürgerliche Obrigkeit, deren Pflicht es war, für die öffentliche Ruhe und Sicherheit zu wachen, steuerte diesen Unordnungen auf keine Weise. In andern Provinzen, vorzüglich in Südcarolina, begieng der Pöbel, durch übertriebene, oft falsche Nachrichten von Englands Absichten gegen die Colonien, aufgehetzt, ähnliche Ausschweifungen, und, damit alle Provinzen gemeinschaftliche Sache gegen die Stempelacte machen möchten, so ward ein Congreß nach Neujork zusammen berufen. Die Stempelacte verursachte damals in Nordamerica, in allen bürgerlichen Geschäften, die größten Verwirrungen: die Gerichtshöfe waren geschlossen,

Handel und Wandel lagen danieder, und die Schiffe konnten nicht auslaufen, weil die Einwohner kein Stempelpapier brauchen, die Stadthalter, Gerichtspersonen und Zollbedienten aber schlechterdings kein ander Papier zu ihren Geschäften nehmen wollten. Endlich wurden die Colonien einig, allen Handel mit England aufzuheben, keine Waaren von daher kommen zu lassen, und, was sie sonst von europäischen Handelsproducten brauchten, selbst zu verfertigen. Sie beschlossen, um die Wollmanufacturen empor zu bringen, keine Lämmer zu schlachten, bis sich ihre Schaafszucht hinlänglich vermehrt haben würde. Die Einwohner von Philadelphia setzten sogar fest, die englischen Schuldforderungen nicht eher zu bezahlen, als bis die Stempelacte aufgehoben wäre. Von diesen und andern Beweisen des in America allgemein herrschenden Misvergnügens, über die neuesten Parlamentsverordnungen, erhielt man in England durch die Statthalter und Freunde des Hofes zeitig Nachricht. Erstere zeigten zugleich die Unmöglichkeit an, durch ihr Ansehen und ihre Macht die allgemeine Widersetzlichkeit gegen die brittische Regierung zu heben; die englischen Kaufleute gaben, über den Verfall des Handels und der Manufacturen, Vorstellungen ein, weil die Colonien allen Handel mit Großbritannien aufgehoben hatten, und die Oppositionsparthey im Parlament schilderte die Folgen der Stempelacte mit schwarzen finstern Farben, und prophezeihte Englands Untergang, wenn die Regierung auf der Ausführung bestehen würde. Das Parlament nahm daher die americanischen Angelegenheiten zum Hauptgegenstand seiner Berathschlagungen, und beschloß, die Freyheitsbriefe der Colonien, alle ältere und neuere Verfügungen des Parlaments die Colonien betreffend, und alles, was für und wider das so heftig bestrittene Taxationsrecht desselben gesagt werden konnte, aufs genaueste zu untersuchen.

Man

Man ließ sich mit einigen Colonien in Unterhandlung ein, und damals war es, wie Herr Franklin, dieser eifrige warme Vertheidiger seiner Landesleute, dem America beynahe einzig seine Freyheit zu verdanken hat, und aus dessen Schriften der Congreß größtentheils seine Gründe zur Behauptung der nordamericanischen Gerechtsame gegen England entlehnt hat, von einigen Committirten des Unterhauses über die damaligen Bewegungen in den Colonien, und über die Meynungen seiner Landsleute wegen der Stempelacte vernommen wurde. Diese Parlaments-Unterhandlungen geschahen ganz unter dem Einfluß des Ministeriums, das aus den wärmsten Vertheidigern der Colonien bestand, denen die Stempelacte und andre Verfügungen der brittischen Regierung eben so ungerecht und constitutionswidrig als den Colonien dünkten, und denen diese verschiedentlich ihre dankbaren Gesinnungen dafür bezeugt hatten, daß sie sich ihrer Brüder jenseit des atlandischen Meeres so thätig angenommen. Dieß Ministerium, welches vom 11ten Jul. 1765 bis den 30 Jul. 1766 das brittische Staatsruder führte, wich in allen Stücken von Grenvilles Grundsätzen ab, sahe den in America sich immer weiter verbreitenden Unruhen geduldig zu, und anstatt die Stempelacte mit Nachdruck durchzusetzen, oder, wie nach dem Theesturm in Boston erst geschahe, die Ausschweifungen des von Misvergnügten aufgehetzten Pöbels zu bestrafen, hob es vielmehr zum Beweise seiner Popularität, den 15 März 1766 die Stempelacte auf, sprach zugleich die Einwohner von America, die an den Mishandlungen der englischen Zollbedienten, und allen Gewaltthätigkeiten gegen die Stempelacte Theil genommen hatten, von der verdienten Strafe los, und erklärte, daß alle den Oberherrn zugefügte Beleidigungen vergessen seyn und bleiben sollten. Allein dieß Ministerium, das bey den häufigen, in England so gewöhnlichen Ministerverände-

rungen

rungen dem Publikum unter dem Namen der Rockinghamschen Parthey bekannt genug geworden, erreichte seinen Zweck auf keine Weise. Die Aufhebung der Stempelacte erregte zwar in den Colonien große Freude, aber eine derselben angehängte Klausel, worin das bisher in England von vielen bezweifelte Recht des Parlaments die Colonien zu taxiren gesetzmäßig wurde, und ihre Verbindlichkeit dem Mutterlande Steuern zu bezahlen festsetzte, verbitterte die Freude der Colonien. Ihre Besorgnisse von englischen Taxen und Abgaben in der Folge unterdrückt zu werden, vermehrten sich, man nahm die Acte mit einer Art von Widerwillen auf, und in Connecticut giengen die Einwohner gar so weit, die Aufhebung der Stempelacte jener verhaßten Klausel wegen durch den Scharfrichter verbrennen zu lassen. Ueberall machte man sich in America die Vorstellung, England habe die americanischen Auflagen nur bis auf eine gelegenere Zeit aufgeschoben, und die dortigen Staatswahrsager prophezeihten unausbleibliche Dürftigkeit und Sclaverey, wenn England einmal sein Recht ausüben würde. Wirklich begieng das Ministerium durch die Aufhebungsacte einen außerordentlichen Staatsfehler; durch diese Zaghaftigkeit, und unzeitige Nachsicht, ward der widerstrebende Geist der Colonien noch mehr gereizt; die Colonien lernten die schwachen Seiten der brittischen Verfassung und die Vortheile kennen, sich mit einer von den Staatspartheyen zu vereinigen, die in England unaufhörlich gegen einander arbeiten. Wenig Nordamericaner dachten damals im Ernste daran, sich von England zu trennen, und man hielt es in einigen Provinzen, wo nicht für Schuldigkeit, doch wenigstens den Umständen gemäß, die Stempelacte anzunehmen. In Connecticut wollte man das englische Stempelpapier wirklich bey den Gerichten einführen, als die Nachricht von der Aufhebung oder, wie die fanatischen Schwärmer dieses Landes zu sagen pflegten, von dem Siege

über

über das Thier und sein Zeichen, alle friedliche Entschlüsse vereitelte. Eine andere Verordnung eben dieser Minister, die Garnisonen und militärische Einquartirung in den Kolonien betreffend, gab bald nachher zu neuen Zwistigkeiten Anlaß. England verstärkte nicht nur hin und wieder seine Garnisonen, mehr als wohl mitten im Frieden nöthig war, sondern verlangte auch, daß die Einwohner, welche sonst kein Service, und was damit in Europa gewöhnlich verknüpft ist, zu geben brauchten, die Verpflegung der englischen Truppen übernehmen sollten. Die Provinz Neujork weigerte sich nicht nur dieß zu thun, sondern sie verwarf auch die Garnisonen als Zwangsmittel, wodurch das Parlament einmal seine Verfügungen in den Kolonien durchsetzen möchte, wenn sie es vielleicht, wie bey der Stempelacte geschehen, einmal wieder wagen würde, die brittische Oberherrschaft abzuleugnen. Um die Provinz Neujork dafür zu strafen, hob das Parlament die bisherige Regierungsform und Landescollegia in der Provinz auf, nahm dem obersten Rath, und dem Unterhause die gesetzgebende Macht, verbot dem Statthalter, diese Provinzialversammlungen zusammen zu berufen, erklärte, was eine solche vielleicht von selbst zusammentretende Deputation, der Parlamentsacte zuwider, vornehmen möchte, im Voraus für null und nichtig, und verursachte solchergestalt in allen öffentlichen Geschäften eine gänzliche Stockung.

Im folgenden Jahr 1767 nahm Großbritannien in dem americanischen Zollwesen abermals einige Veränderungen vor, und ohnerachtet dergleichen ehedem vom brittischen Parlament häufig genug gemacht worden, auch die Colonien dessen Befugniß, das Zollwesen in America zum Vortheil Großbritanniens einzurichten, nie angefochten hatten, so waren die Gemüther doch jetzt von der Stempelacte und den geheimen Absichten Großbritanniens, Steuern von den Kolonien zu ziehen,

ziehen, noch so erhitzt, daß die Unruhen überall von neuem anfiengen; man widersetzte sich den Untersuchungen der Zollbedienten, und suchte die für Großbritannien günstiger gesinnten Einwohner, durch den glücklichen Erfolg, den ihre bisherigen Bemühungen gegen die Stempelacte gehabt hatten, aufzumuntern, mit gleichem Eifer und Nachdruck auch gegen dieß neue Zolledict gemeinschaftliche Sache zu machen. Vermittelst dieses Zolledicts, wurden die bisherigen Zollabgaben in den Colonien auf Glas, Bleyweiß Farben und Papier erhöhet, hingegen der bisherige Zoll auf den Thee von zwölf Pence (etwa acht Groschen) auf vier englische Pence, oder drey gute Groschen, vermindert.

Die Klagen der Kaufleute von Boston über den neuen Zoll, und die Ermunterungen der Einwohner von Neuengland, Großbritanniens Tyranney nicht länger zu ertragen, sondern standhaft die Freyheit zu vertheidigen, um deren völligen Genuß ihre Vorfahren die Wildnisse der neuen Welt dem Aufenthalt in England vorgezogen hatten, fanden in den Colonien überall Gehör. Den Verbrauch der oben angeführten höher impostirten ausländischen Waaren in America zu vermindern, beschloß man, im Lande selbst Papiermühlen und Glashütten anzulegen, und der englischen Regierung gemeinschaftlich Vorstellungen einzureichen. Der Hof sahe die Conföderation, durch welche Neuengland alle andere Provinzen gegen den Mutterstaat zu vereinigen suchte, und bald genug zusammen brachte, als Vorboten einer künftigen Empörung an. Denn jede Provinz konnte einzeln wohl dem Parlament Vorstellungen gegen dessen Schlüsse und Verordnungen übergeben; allein, mit andern in gleicher Absicht gemeinschaftliche Sache zu machen, oder diese zum Widerstand gegen England zu reizen, war gesetzwidrig, und vor den Unruhen in Nordamerica über die Stempel- und Parlamentsacte ungewöhnlich. In diesem Betracht verlangte der

königl.

königliche Statthalter in Massachusetsbay, daß die Provinz die Circularschreiben, wodurch sie die andern zur Vereinigung gegen England eingeladen hatte, aus ihren Journalen tilgen, und überhaupt alle Verbindung mit andern Colonien aufheben sollte. Sie weigerte sich aber dieses zu thun, daher verbot er den Ständen, ihre Sitzungen oder Landtage fernerhin zu halten. Die Versammlung ward, wie zuvor auch in Neuyork geschehen war, aufgehoben, und in öffentlichen Geschäften durfte, bis auf Zusammenberufung einer neuen Volksversammlung, nichts weiter vorgenommen werden. Ob nun gleich der Statthalter zu diesem Schritt berechtiget genug war, und er in diesem Fall nichts mehr that, als wenn in England der König ein den Absichten des Hofes widriges Parlament aus einander gehen läßt, auch in allen königlich americanischen Provinzen, oft genug Grosbritanniens Absichten widerstrebende Volksversammlungen ohne Beschwerden aufgehoben waren, so geriethen doch hierüber alle Colonien in eine außerordentliche Gährung. Die mehresten vertheidigten das Betragen der Einwohner von Massachusetsbay, und klagten den Statthalter der Ungerechtigkeit und Tyranney, England aber der Absicht an daß es bey aller Gelegenheit die Freyheiten der Americaner zu untergraben suchte. Um aber ihren Vorstellungen und Beschwerden größern Nachdruck zu verschaffen, ward beschlossen den Handel mit England aufzuheben, und der von den Vornehmen aufgehetzte Pöbel fuhr fort, vorzüglich in Boston, die Schleichhändler zu beschützen, und die brittischen Zollbedienten in der Ausübung ihrer Pflicht gewaltsam zu stören, so daß diese auf den englischen Schiffen Schutz suchen mußten.

Bisher waren von englischer Seite keine ernsthaften Maaßregeln genommen worden, die nordamericanischen Unruhen, (welche die Aufhebung der Stempelacte nur vermehrt hatte) zu dämpfen,

pfen. Die Regierung wagte es lange nicht durch Truppen ihre schon einige Jahre her angefochtene Oberherrschaft in den Colonien zu beschützen, und die Störer der Ruhe und Häupter der Misvergnügten nachdrücklich zu bestrafen, weil nicht nur in Privatschriften, sondern auch im Parlament, wo die Americaner viel Freunde hatten, sie immer als Leidende geschildert wurden, die ihre Freyheit gegen Englands Unterdrückung zu vertheidigen gezwungen wären. Endlich aber, als längere Nachsicht nur dem Misvergnügen, und den täglich sich mehrenden Unruhen mehr Nahrung zu geben schien, beschloß die Regierung Truppen nach Massachusetsbay zu senden, weil hier nicht einzelne Einwohner, sondern der größte Theil der Provinz nach eigenmächtiger unumschränkter Gewalt strebte, und der Geist des Aufruhrs sich von hier aus durch Schriften, Predigten und heimliche Emissarien in die übrigen Provinzen verbreitete. Allein diese Truppen, welche nur aus einigen Regimentern bestanden, waren lange nicht hinlänglich den Frieden wieder herzustellen, und die Provinz, von der Oppositionsparthey, und einer Gesellschaft seynwollender Patrioten unterstützt *), die sich Beschützer der Freyheit (Supporters of the Bill of Rigths)

*) Der Zweck dieser Gesellschaft war, das Betragen der Colonien standhaft im Parlament zu vertheidigen, und sich allen Maaßregeln der Regierung gegen dieselben nachdrücklichst zu widersetzen. Diese eifrigen Patrioten wurden für ihren Diensteifer von America bezahlt, und unter andern bewilligte 1769 das Unterhaus von Carolina dieser Gesellschaft eine Summe von 1500 Pf. St. obgleich diese Provinz zu andern Ausgaben den größten Geldmangel vorschützte. (S. Considerations on certain political connexions of the Province of South Carolina 1774. *London* 8.).

Rights) nannten, weigerte sich den englischen Truppen Quartiere zu geben. Massachusetsbay berief sich auf eine Verordnung König Wilhelms des Dritten, nach welcher in Friedenszeiten ohne Einwilligung des Parlaments in Großbritannien so wenig als in den dazu gehörigen Ländern regulaire Truppen gehalten werden sollten. Sie setzte durch diese Einwendung die Versammlung ihrer Provinz mit dem brittischen Parlament in gleiches Verhältniß, und meynte, so wie das brittische Parlament dem Könige nicht erlauben würde, mehr Truppen in England zu halten, als es ihm bewilligt hatte, so könnten sie sich ebenfalls der Einquartierung der wider ihren Willen herüber gesandten englischen Truppen widersetzen. Weil damals die Provinzialversammlung von Massachusetsbay aufgehoben war, und die Misvergnügten nicht wußten, ob der Statthalter so bald wieder einen Landtag ausschreiben würde, so nahmen sie sich die Freyheit, den Landtag der Provinz oder die gewöhnlich dazu verordneten Deputirten zu berufen, um gegen die englische Garnison in Boston dienliche Maaßregeln zu ergreifen. Weil diese Versammlung, wieder die Art der gewöhnlichen Landtage, ohne Wissen des königlichen Statthalters, zusammen kam, auch in der ganzen Form von ihren vorigen Landtagen abwich, so gaben sie demselben nicht den gewöhnlichen Namen Assembly, (worunter sonst in Nordamerica das Unterhaus einer jeden Provinz verstanden wird,) sondern Convention. Die englischen Truppen hatten sich indessen in Boston dennoch einquartirt, allein zwischen selbigen und den Einwohnern fielen täglich Händel und Schlägereyen vor. Die Soldaten waren selbst auf ihren Posten nicht sicher, und man suchte sie zur Desertion zu verleiten. Außer Boston, rüsteten sich die Einwohner dieser und der andern Provinzen, als wenn America von Feinden bedrohet wäre; die Landmiliz ward zusammen gezogen, in den Waffen geübt, und mitten im Frieden sahe man über-

überall nur kriegerische Anstalten. Auf die Vorstellungen, die von den brittischen Statthaltern dagegen ergiengen, ward nicht geachtet, und an keinem Orte trafen die Magistratspersonen Vorkehrungen, die mit unter ausbrechenden Pöbelsausschweifungen, und die häufig gegen die königlichen Bedienten, oder die Anhänger des brittischen Parlaments ausgeübten Feindseligkeiten zu bestrafen. Großbritannien fand sich daher genöthigt, seine Freunde und Unterthanen selber gegen dergleichen Beleidigungen zu beschützen, und erneuerte zu dem Ende eine alte unter Heinrich dem achten gemachte Parlamentsverordnung, die aber keinesweges den gehofften Erfolg hatte und den bereits über vorhergegangene Verfügungen misvergnügten Colonien neue Veranlassung gab, dem Mutterlande die feindseligsten Gesinnungen gegen America anzudichten. Nach dieser Acte sollten, von 1769 an, alle gegen die englische Regierung in den Kolonien begangene Verbrechen, nicht dort, sondern in England, bestraft werden. Die Verordnung ward zwar, so viel wir wissen nicht genau befolgt, indessen erregte sie bey dem bisherigen Betragen des brittischen Parlaments die nicht ganz ungegründete Besorgniß, daß England vielleicht nach derselben, auf bloßen Verdacht, die der Regierungen mißfälligen Einwohner einziehen, den Kolonien auf diese Art ihre eifrigsten Vertheidiger, oder Einwohner von Einfluß, rauben möchte, mithin die persönliche Sicherheit der Nordamericaner der größten Gefahr ausgesetzt seyn würde.

Ueber diese und andere Verfügungen dauerten zwischen beyden Theilen die Streitigkeiten von 1769 bis 1774 fort, ohne daß England ernstliche Mittel zur Beylegung versuchte, oder die Kolonien von ihrem einmal angenommenen, und ihrer Meynung nach mannichfaltig bestätigten Satz zurückkamen, Großbritannien suche die Kolonien zu unterdrücken. Sie sahen in diesem Fall, und da England in seinem Verfahren eher

weiter

weiter gieng als nachgab, eine völlige Trennung von diesem Reich nicht nur für möglich, sondern fast für unvermeidlich an. Dazu trugen die sich täglich mehrenden Händel der verschiedenen Provinzialversammlungen nicht wenig bey; kein Beschluß wurde gefaßt, sondern die Statthalter erfuhren Widersetzlichkeiten, die sich mit der Aufhebung der Versammlungen zu endigen pflegten. Allein sie fanden die neuen Volksversammlungen, die doch hernach zusammen berufen werden mußten, um nichts geneigter, die Verfügungen des brittischen Parlaments zu befolgen, indem die Provinzen immer gerade solche Deputirte im Unter- oder Oberhause zu wählen pflegten, von deren mit der allgemeinen Denkungsart in Nordamerica übereinstimmenden Gesinnungen sie überzeugt waren. Unglücklicherweise ward um diese Zeit England in mancherley einheimische Händel verwickelt, welche die Aufmerksamkeit der Regierung mehr als die Unruhen in den Kolonien auf sich zogen, und derenhalben damals nicht die rechten nöthigen Vorkehrungen getroffen wurden. England ward 1770 wegen der Falklandinseln, die Spanien gewaltthätig besetzte, mit einem Krieg bedrohet, und um eben die Zeit erregten die jetzt vergeßnen Händel mit dem berichtigten Wilkes Unruhen, die mehr als bloße Ausschweifungen des Pöpels oder die gewöhnlichen Bewegungen der Oppositionsparthey waren.

Das Wichtigste, was in diesem Zeitraum, in die Geschichte der nordamericanischen Streitigkeiten gehörend, vorfiel, war eine abermalige Abänderung des 1767 auf Glas, Papier und Färbewaaren gelegten Zolles. Dieser ward auf Ansuchen der brittischen Kaufleute aufgehoben, deren Handel sich damals wegen der von den Kolonien gefaßten Entschließungen zu vermindern anfieng. Allein der oben angeführte Theezoll ward nach wie vor eingefordert. Der damalige verwirrte Zustand der englischen ostindischen Gesellschaft machte dieß einigermaßen nothwendig.

Sie

Sie bezahlte dem Staat für ihr Handelsprivilegium jährlich die ansehnliche Summe von 400,000 Pf. Sterl.; sie litt aber wegen der über die Theeacte in America entstandenen Zwistigkeiten, gewaltige Einbuße in ihrem Handel mit dieser Waare. England war daher verbunden, denselben so viel als möglich wieder herzustellen. Vor dieser Theeacte waren zwar schon die Kolonien gehalten, nur englischostindischen Thee zu trinken, allein weil vor den neuen Zolleinrichtungen der Schleichhandel weniger eingeschränkt war, und sie von fremden Nationen den Thee wohlfeiler als in England kaufen konnten, (da der fremde Thee in America keinen Zoll bezahlte, der englische aber in London bereits einen Schilling für jedes Pfund Zoll erlegt hatte,) so ward in America mehr fremder, als englischer Thee verbraucht. Um diesen Schleichhandel, den die Americaner mit den dänischen und holländischen Ostindienfahrern, zum Nachtheil der englischen Einkünfte, und der englischen ostindischen Gesellschaft, trieben, zu verhindern, ward der 1767 veränderte Theezoll nicht zugleich mit der neuen Abgabe, von den andern genannten Waaren aufgehoben, sondern er blieb, ward in America gehoben, zugleich aber um zwey Drittel vermindert, so daß ein Pfund Thee, das sonst in England bey der Ausfuhr einen englischen Schilling Zoll bezahlte, jetzt in America bey der Landung nur vier Pence bezahlen durfte. Ob nun gleich die Nordamericaner durch diese Einrichtung wohlfeilern Thee trinken konnten, als vorher, so führten sie dennoch darüber laute Beschwerden, und die Theehändler, welche nebst den Contrebandiers sehr viel durch die Parlamentsacte verloren, überredeten die Einwohner sich derselben wie der Stempelacte zu widersetzen. Sie stellten den Theezoll in America als eine Auflage vor, womit England sein Taxationsrecht auszuüben anfieng, und daß jeder, der ihn bezahlte, sich dadurch zu allen künftigen englischen Abgaben verbindlich machte.

Indessen entschuldigen die mit dieser Taxe verbundenen Bedrückungen einigermaßen die bald darauf erfolgenden Unruhen in den Kolonien. Der Theezoll war freylich vermindert, allein mit demselben waren mancherley Beschwerden verknüpft, und wirklich konnte einmal dieser Zoll den Kolonien eben so nachtheilig als die Salzsteuer den französischen Unterthanen werden. Denn durch die Theeacte von 1773 erlangte die ostindische Compagnie zugleich das Thee-Monopol mit allen seinen schädlichen Folgen. Vorher verschrieben die americanischen Kaufleute ihren Thee aus England. Jetzt aber schickte die Compagnie in ihren Schiffen den Thee nach America und verkaufte ihn dort im Ganzen und im Detail. Sie hielt ihre Factoren in allen Handelsstädten, welche den dortigen Kaufleuten und Krämern einen großen Theil ihrer Nahrung entzogen. Außerdem konnte sie ihren Thee so theuer verkaufen, als sie wollte, weil die Zollbedienten die fremde Einfuhr sorgfältigst verhinderten, und, wer Thee trinken wollte, ihn zu den willkührlich bestimmten Preisen nur von ihr kaufen konnte. Auf diese Art laßt sich die sonst in Europa unbegreifliche Widersetzlichkeit der Kolonien gegen den wirklich verminderten Theezoll erklären, und daß sie den unnatürlich scheinenden Entschluß faßten, lieber keinen Thee zu trinken, als ihn auf die vom Parlament vorgeschriebenen Bedingungen von der ostindischen Kompagnie zu kaufen. Die Schleichhändler litten durch den neuen Zoll noch mehr, und ihre Contrebande ward dadurch gänzlich gestört. Sie konnten, weil die englischen Zollbedienten zahlreicher und genauer wurden, ihren Thee nicht wie sonst ohne Abgabe einführen, auch mit der ostindischen Compagnie, wenigstens 1773, keineswegs Preis halten, und dann verminderte die Gefahr, mit ihrer Contrebande zu oft ertappt zu werden, ihren bisherigen Vortheil. Sie unterließen daher nicht, die Theeacte aufs gehäßigste zu schildern, und sie fanden um so leichter Beyfall, da man damals schon in den Kolonien gewohnt war, alle Verordnungen der englischen Regierung in dem nachtheiligsten Lichte zu sehen. Daher ließen sich viele Einwohner in Neuengland, außer den vorhergemeldeten Entschlüssen, keinen Thee zu trinken, oder ans Land zu lassen, sogar überreden, ihren Theevorrath öffentlich zu verbrennen. In den andern Provinzen nahm man gleiche Maaßregeln gegen den Theehandel der ostindischen Kompagnie. In Philadelphia ward den Lootsen verboten, Theeschiffe in den Delawar zu führen, und in Boston brachte sie der einmüthige Entschluß der Einwohner keinen Thee zu trinken dahin, mit ihrer Ladung unverrichteter Sache wieder nach England zu segeln. Allein das Zollamt ließ sie nicht absegeln, und der englische Gouverneur verweigerte ihnen die Pässe. Weil die Einwohner indessen befürchteten, der Thee möchte ihrer nächtlichen Wachen ohnerachtet heimlich ans Land gebracht und verkauft werden, so wagten einige den 18 Dec. 1773 den berühmten Theesturm, der das Signal zum bürgerlichen Kriege ward, in welchem Nordamerica nach einem achtjährigen oft zweifelhaften Kampfe endlich seine Unabhängigkeit erlangte.

An diesem Tage überfiel ein Haufen bewaffneter Einwohner, wie Mohawk-Indianer verkleidet, drey im Hafen der Stadt belegene Theeschiffe, und schüttete in wenig Stunden ihre Ladung, welche aus dreyhundert und zwey und vierzig Kisten Thee bestand ins Meer. In andern Handelsstädten würden die Schiffe der ostindischen Kompagnie vielleicht ein ähnliches Schicksal gehabt haben, allein sie segelten mit ihrer Ladung weg, oder gaben Versicherung, ihren Thee nicht ans Land zu bringen, indeß ward in Neujork das ostindische Schiff London ebenfalls von verkleideten Personen angefallen, und achtzehn Kisten Thee ins Meer verschüttet. Der Magistrat von Boston und in den andern Handelsplätzen machte keine Vorkehrungen gegen diese Unordnungen,

und

und auf die Beschwerden des englischen Befehlshabers, entschuldigten sie sich damit, daß ihnen die Thäter unbekannt wären. In England hingegen erregten diese Gewaltthätigkeiten ein grösseres Aufsehen, als alle vorhergehende Unruhen; und da das Parlament eben versammelt war, als die erste Nachricht vom Theesturm in Boston und von dem e[illegible] nöthigen Entschluß der Americaner, den Thee der ostindischen Gesellschaft nicht ans Land zu lassen, ankam, so wurden demselben alle Papiere, Briefe und Berichte über diesen Vorfall vorgelegt. Beyde Häuser kamen nach verschiedenen heftigen Debatten doch endlich zum Schluß, den Einwohnern von Boston und Massachusetsbay Ernst zu zeigen, um durch die Bestraffung von Boston die andern Kolonien von ähnlichen Vergehungen abzuschrecken. Es wurden zu dem Ende vier Parlamentsacten gegen America ausgefertigt, die aber von den Kolonien eben so wenig, als die vorhergehenden geachtet wurden, und die man eigentlich als die Hauptursache des wirklichen Ausbruchs der öffentlichen Feindseligkeiten, der Kriegserklärung der Kolonien, und ihrer völligen Trennung von England ansehen kann.

Durch die erste Acte ward der Hafen von Boston gesperrt, und aller Handel und Schifffahrt nach dieser Stadt so lange untersagt, bis die ostindische Kompagnie Ersetzung ihres Schadens erhalten hätte; bis dahin sollten nur Fahrzeuge, mit Holz und Lebensmitteln in Boston eingelassen werden. Das Parlament glaubte, der Verlust des Handels, des einzigen Nahrungszweiges dieser neuenglischen Hauptstadt, der sich leicht nach einem andern Orte ziehen könnte, würde wahrscheinlich die vornehmsten Einwohner, oder diejenigen Kaufleute, welche an den bisherigen Entschlüssen gegen Großbritannien keinen Theil genommen, bewegen, ihre Landsleute zur Genugthuung und zum Vergleich mit England zu überreden. Allein die Gemüther waren schon zu sehr erhitzt, und die Ueberzeugung vieler Einwohner, für ihre Freyheit alles wagen zu müssen, nebst der Hoffnung von den andern Kolonien Beystand zu erhalten, vereitelte alle Erwartungen der englischen Regierung. Boston beschloß alles eher zu leiden, als in dem Streit mit England nachzugeben, und es ermunterte die übrigen Kolonien durch sein Beyspiel, gemeinschaftlich ihre Freyheit zu vertheidigen.

Nach der zweyten Acte, welche ebenfalls bloß Massachusetsbay betraf, weil in dieser Provinz die kühnsten Entschlüsse gegen England gefaßt wurden, und sie durch ihre Widersetzlichkeit gegen alle englischen Befehle den andern Provinzen ein Beyspiel gegeben hatte, ein gleiches zu thun, sollten Mord und andere Capitalverbrechen, die königliche Bedienten und Magistratspersonen bey ihrer Amtsführung begehen möchten, nicht vor den ordentlichen Gerichten dieser Provinz, sondern in einer andern Provinz oder in England untersucht werden. Die Furcht, von partheyischen Richtern, (die, gleich den mehresten Einwohnern, alle Zollbediente, englische Truppen und Befehlshaber als Personen ansahen, welche außer dem Schutze der Gesetze waren, weil ihre Gegenwart, die Gerechtsamen und Freyheiten der Provinz in Gefahr setzte,) verurtheilt zu werden, hielt bisher viele Personen ab, die eigentlich für die öffentliche Sicherheit sorgen mußten, ihr Amt zu verwalten, und eben daher hatten weder die Land- noch die Seetruppen, den Theesturm verhindert. Die Americaner nannten zwar die neue Acte, eine Verordnung, alle diejenigen zu beschützen, und von der Strafe zu befreyen, welche in America bey Ausführung der unterdrückenden Parlamentsacten einen Mord begehen würden. Dieß war aber, wie leicht zu erachten, nicht die Absicht der englischen Regierung, sondern der Fall mit dem Hauptmann Preston in Boston machte eine Veränderung in den Gerichten und der Rechtspflege nothwendig. Der Pöbel hatte hier lange vor dem Theesturm eine Schildwache vor dem Zollhause mit Drohungen und Gewalt angegriffen. Preston kam ihr mit der Hauptwache zu Hülfe, und ob er gleich seinem Commando verbot Feuer zu geben, so feuerten dennoch einige von der Wache, weil der Pöbel sie mit Steinen und Prügeln angriff, und unaufhörlich dabey Feuer zu geben ausrief. Dadurch wurden einige von den Aufrührern erschossen, und der Hauptmann nachher als ein Mörder vor den Civilgerichten angeklagt. Verschiedene falsche Zeugen schworen, der Hauptmann habe seinen Leuten befohlen, zu feuern, und, ohne die besondere Sorgfalt des Oberrichters, wäre er vielleicht von den partheyischen Geschwornen als ein Mörder verdammt worden.

Dir dritte Acte war der Provinz Massachusetsbay gefährlicher. Sie verlor dadurch ein wichtiges Kleinod ihrer Verfassung. Denn statt daß diese bisher größtentheils demokratisch wie in Rhodeisland und Connecticut gewesen war, so ward die Regierung nun zwischen Monarchie und Demokratie getheilt, und das brittische Parlament erhielt dadurch hier gleiche Gewalt, als in den sogenannten königlichen Provinzen. Das Oberhaus von Massachusetsbay, oder der Rath des Gouverneurs, war bisher von den Repräsentanten des Volks im Unterhause aus ihren Mitteln gewählt worden, und dadurch ganz vom Volk abhängig. Dieß pflegte sonst, sobald es fand, daß einer von den Räthen nicht nach den Grundsätzen des Unterhauses handelte, oder, bey den damaligen Gährungen, Englands Verfügungen nicht für so ungerecht und tyrannisch hielt, als die übrigen, ein so unpopuläres Glied des Oberhauses, bey der künftigen Versammlung, gewöhnlich zu entfernen. Jetzt sollten die Mitglieder dieses Oberhauses von England aus ernannt werden. England wollte durch diese Veränderung dem Rath, der nebst dem Gouverneur von der

Endigung der letztern Versammlung, bis zum neuen Landtage, die Landesregierung führte, von dem Einfluß der herrschenden Volkspartheyn befreyen, gieng aber auf der andern Seite zu weit, indem es das Oberhaus, das der Hof nun ein- und absetzen konnte, von demselben dependent machte. Der König war freylich wohl befugt, dergleichen Veränderungen zu machen, und hatte sie, wie aus der americanischen Geschichte bekannt ist, verschiedentlich vorgenommen; vielleicht aber würde diese Acte die Einwohner von Massachusetsbay weniger aufgebracht haben, wenn der neue Rath seine Stellen auf Lebenszeit besessen, und der Hof weniger Einfluß in dem Oberhause der Provinz durch die neue Acte erhalten hätte. Dieses letztere brachte die Einwohner auf: sie befürchteten, der Hof wollte seine Oberherrschaft gegen alle künftige Angriffe der Volksparthey in den Kolonien nur deshalb sichern, damit er in der Folge die alte Verfassung der Colonien, so wie er es in Canada gemacht hatte, willkührlich abändern könne. Diese Acte kam indeß nicht zur Ausführung. England ernannte zwar 36 Räthe in dieser Provinz, aber das Volk zwang verschiedene, ihre Stellen niederzulegen und bedrohete andere mit dem Verlust ihres Vermögens; daher sie größtentheils entweder diese Ehre verbaten, oder ihre Stellen bloß unter englischem Schutze, aber ohne Gewalt, in der Provinz bekleiden durften.

Die letzte Parlamentsacte war die Quebecacte, und gieng eigentlich Canada an. Vermittelst derselben erhielt diese Provinz eine ordentliche Verfassung, über welche das brittische Ministerium sich bisher mit den Einwohnern, die der größten Anzahl nach Franzosen waren, nicht hatte vereinigen können. Nunmehr wurden in Canada die Bekenner der römischkatholischen Religion von allen englischen Zwanggesetzen befreyet. Sie wurden durch die Acte aller Aemter und Würden fähig, und konnten selbst als Räthe des Ober-

hauses

hauses erwählt werden. In den Gerichten behielten die französischen Gesetze ihre Kraft, und das dem Britten so wichtig scheinende Kleinod ihrer Staatsverfassung, die Entscheidung durch Geschworne, ward in den bürgerlichen Processen nicht für nothwendig erkannt, sondern es hieng von der Willkühr der Partheyen ab, ob sie nach demselben gerichtet seyn wollten oder nicht. Ueberhaupt erhielt Canada 1774 eine von brittischen Colonien ganz abweichende Verfassung. Der König bestellte hier ein Oberhaus von siebzehn bis dreyundzwanzig Personen; ein Unterhaus aber, wodurch jeder freye Mann Antheil an der Regierung, und das Volk soviel Einfluß und Gewicht bekam, ward gar nicht zusammen berufen. Ob nun gleich Canada mit den übrigen Provinzen in keiner Verbindung stand, und die neue Verfassung hier nicht die Unruhen, wie in England erregte so veranlaßte sie dagegen in allen Provinzen große Beschwerden, und selbst größere als alle Massachusetsbay betreffende Parlamentsacten. Man schilderte die den Katholischen ertheilte Freyheit, als die größte Gefahr, womit die protestantische Religion bedrohet werden könnte, weil man in England und den Kolonien Katholiken als Freunde und Beförderer des Despotismus anzusehen gewohnt war. Die Einführung französischer Gesetze und die gewissermaßen aufgehobene Entscheidung durch Geschworne verwarf man als constitutionswidrig. Vorzüglich fand man aber die in Canada aufgehobene Gewalt des Unterhauses gefährlich, und sahe dieß als den ersten Schritt an, den die englische Regierung wagte, die bürgerliche auf der demokratischen Verfassung so sehr beruhende Freyheit in den Colonien zu untergraben. Indessen waren die Veränderungen, welche Großbritannien durch die Quebecacte in Canada machte keinesweges so neu und unerhört, als die Misvergnügten im Parlament und Nordamerica behaupteten; und eben die Patrioten, welche 1774 die

Quebecacte der brittischen und americanischen Freyheit für so tödlich ausgaben, hatten einige Jahre vorher geruhig angesehen, daß die katholischen Einwohner in Grenada gleiche Freyheiten als jetzt die Canadier erhielten, und daß in den Provinzen Ost- und Westflorida kein Unterhaus zusammen berufen werden sollte, auch nie berufen ward, als in beyden die sogenannte königliche Regierung eingeführt wurde. Durch die neue Acte ward in Canada noch eine andere wichtige Stütze der brittischen Freyheit, die Habeas-Corpusacte, aufgehoben, welche die persönliche Freyheit der Britten gegen die Gewalt der Großen und Mächtigen sichert, und durch dieselbe dem Gouvernour gewissermaßen Freyheit ertheilt, von den unter französischer Herrschaft gewöhnlichen Lettres de Cachet Gebrauch zu machen. Kein Wunder also, daß die Colonien, die ihre Freyheit und Verfassung bey andern weniger nachtheiligen Parlamentschlüssen, schon in der größten Gefahr zu seyn glaubten, durch die Quebecacte, und die mit derselben in Canada eingeführten Auflagen, in dem Entschluß noch mehr befestigt wurden, sich gänzlich von England loszusagen. Boston blieb unterdessen, da diese Parlamentsverfügungen ergiengen, von englischen Truppen besetzt, und von der Seeseite eingeschlossen. Dennoch aber unterwarf sich diese reiche Handelsstadt nicht, weil sie sich auf den Beystand der ganzen Provinz Neuengland und der übrigen Colonien verließ, von diesen auch ununterbrochen ermuntert wurde, durch ihre Nachgiebigkeit der americanischen Freyheit nichts zu vergeben. Die Grafschaft Worcester bot sogar ihre Einwohner auf, um Boston gegen die englischen Truppen zu beschützen. Virginien setzte den Tag, an welchem der Hafen gesperrt werden sollte, zu einem allgemeinen Büß- und Bettag an, und Maryland sandte der Stadt eine Menge Lebensmittel zur Erhaltung ihrer unvermögenden Einwohner zu. Andere Colonien, zeigten sich nicht weniger großmüthig gegen diese,

wie

wie man damals allgemein glaubte, für die americanische Freyheit leidende Stadt. So ließ Carolina die für etliche Ladungen Reiß in Neujork gehobenen Summen den Einwohnern von Boston auszahlen, und die neuenglische Stadt Marblehead, bot den Bostoner Kaufleuten ihren Hafen, ihre Schiffe und ihre Vorrathshäuser an, damit sie ihren Handel fortsetzen konnten.

Als zuletzt mehr Truppen nach Boston geschickt wurden, und der brittische Statthalter wegen der in Massachusetsbay täglich wachsenden Verbindung gegen England, die gewöhnliche Versammlung zusammen berief, so kamen die Einwohner dahin überein, besondern Commissarien die Verwaltung der öffentlichen Geschäfte zu übergeben. Sie gaben ihnen Vollmacht, nöthigen Falls die Landmiliz zusammenzuziehen, Geld zu unvermutheten Ausgaben zu heben, und überhaupt alle Verfügungen der Volksversammlung zu treffen. Sie ließen auch alle andere mit ihren Statthaltern in gleicher Uneinigkeit wie Massachusetsbay lebenden Provinzen ohne Zeitverlust einladen, in eine genaue Verbindung gegen England zu treten, und, weil England die Colonien, durch Flotten zu überwältigen entschlossen schien, gemeinschaftlich ihre Rechte zu vertheidigen. Auf diese Einladung beschlossen zwölf Provinzen Abgeordnete an einen Ort zu schicken, um die bey ihrer kritischen Lage nöthige Berathschlagungen zu halten. Zum Versammlungsort ward Philadelphia ausersehen, welches von den südlichen und nördlichen Colonien ohngefähr gleich weit entfernt, und fast im Mittelpunkt von Nordamerica belegen war. Jede Provinz konnte dahin von zwey bis sieben Abgeordnete senden, die aber zusammen nicht mehr als Eine Stimme hatten. Aus den Abgeordneten ward ein Präsident gewählt, der das Wort führte, und jährlich oder mit jeder Sitzung abwechselte. Georgien trat erst 1775 dieser Verbindung bey, Neuschottland aber und Canada, welche gleichfalls ermahnt wurden beyzutreten, vermehrten die Zahl der nachher durch die Independenzerklärung noch genauer vereinigten dreyzehn Provinzen nicht. Dieser Congreß, der etwa zwey Monate seine Sitzung hielt, und den 26 October 1775 wieder aus einander gieng, setzte den zwar oft gefaßten, aber nie ganz befolgten Entschluß ins Werk, den Handel mit Großbritannien und Irrland bis zur Aufhebung aller America nachtheiligen Parlamentsacten zu verbieten, den Handel nach Africa zu sperren, und empfahl Industrie und Sparsamkeit. Ebenderselbe übersandte Vorstellungen der Beschwerden aller Colonien an den König und an die Einwohner von England, die aber ohne Wirkung blieben, weil sie das bisherige Betragen von Massachusetsbay rechtfertigten, der ostindischen Gesellschaft keine Entschädigung für den verschütteten Thee anboten, und die Absicht hatten, die Einwohner von Großbritannien zum Vortheil der Colonien gegen ihre eigene Stellvertreter im Parlament und die Regierung aufzuwiegeln.

Dem Anscheine nach suchten zwar die Colonien sich mit England auszusöhnen, in der That aber rüsteten sie sich überall, Gewalt mit Gewalt zu vertreiben. Man übte die Landmiliz in den Waffen, schaffte Pulver und Ammunition ins Land, und Virginien ermunterte seine Einwohner, durch ansehnliche Prämien, Pulvermühlen anzulegen. Als endlich England gar die Ausfuhr aller Kriegsbedürfnisse verbot, damit die Freunde der Colonien sie von dort aus nicht mit Kriegsbedürfnissen versehen möchten, so suchten sie sich dergleichen auf Kosten der Krone, und durch den Schleichhandel von den Inseln Domingo, St. Croix und Eustatius herzuschaffen. Sie griffen die königlichen Magazine lange vor den wirklichen in Massachusetsbay erfolgenden Feindseligkeiten an, und plünderten selbige, weil es ihnen geradezu an allen Arten von Kriegsbedürfnissen fehlte, wie denn sogar mitten im Kriege bey ihren Armeen großer Mangel an Pulver war, und viele ihrer Regimenter keine Bajonetter hatten. Um sich

sich daher auf Kosten der Engländer damit zu versehen, überfielen die Einwohner von Neuhampshire, das Fort Wilhelm und Mary, bald nachher das Fort Portsmouth, und machten eine ansehnliche Beute. Die Einwohner von Providence in Rhodeisland nahmen alle Kanonen weg, welche ihren Hafen vertheidigten; selbst in Neujork, in deren Citadelle eine englische Garnison lag, litten die Einwohner doch nicht, daß etwas von den dortigen Kriegsbedürfnissen weggeschafft würde. In Massachusetsbay ließ der englische Befehlshaber, zwar noch vor diesen Thätlichkeiten, Pulver, und andere Kriegsbedürfnisse, aus einigen Seestädten nach Boston bringen, allein dort wußten sich die Einwohner dergleichen auf andere Weise zu verschaffen, und verboten dagegen alles Verkehr mit der brittischen Besatzung in Boston, selbst daß man sie nicht einmahl mit Lebensmitteln, Feurung und andern Bedürfnissen versehen sollte. Weil nun vermittelst der Versammlung und der öffentlichen Erklärung des Congresses die andern Colonien an dem widerspenstigen Betragen von Boston und Massachusetsbay Theil nahmen, und Großbritannien seine gekränkte Herrschaft nicht mehr bloß gegen Eine Provinz zu vertheidigen hatte, so untersagte das Parlament allen nördlichen Colonien die ihnen so einträgliche Fischerey auf den Küsten von Neufoundland, wodurch der vornehmste Zweig ihres Handels mit Westindien, Portugal und Spanien vernichtet wurde, und dem südlichen verbot es den Handel mit England. Es geschahen zwar Vorstellungen, daß man die Provinz Georgien, die bis dahin sich nicht wie die übrigen gegen England aufgelehnt hatte, von dem Handelsverbot ausnehmen möchte, allein ohne Erfolg, obgleich die Provinz vielleicht in diesem Fall den Britten getreu geblieben wäre, auch die Regierung dabey die schönste Gelegenheit gehabt hätte, an diesem Beyspiel ihre Bereitwilligkeit zu gelinden Maaßregeln den übrigen zu zeigen. Unterdeß versäumte das Ministerium nicht gänzlich, eine Aussöhnung mit America zu versuchen. Lord Chatham und Lord North entwarfen Plane dazu, die aber in den Kolonien das gewöhnliche Schicksal aller von Seiten Englands gemachten Vorschläge erfahren mußten.

Großbritannien hatte 1775 die Besatzung von Boston bis auf zehntausend Mann verstärkt, die sich aber wie bisher in ihren Quartieren ruhig hielt, außer daß der Befehlshaber zuweilen fruchtlose Proclamationen gegen die Versammlung der Provinz, gegen den Generalcongreß und die Zurüstungen ergehen ließ. Endlich wagte die Besatzung den 18 April den ersten Angriff auf die Provincialen, der in der Geschichte der nordamericanischen Independenz unter dem Namen des Gefechts bey Lexington bekannt ist, und wobey in diesem Kriege das erste Bürgerblut vergossen ward. In Concord, einer kleinen Stadt fünf deutsche Meilen von Boston, war der Provincialcongreß, oder die Volksversammlung von Massachusetsbay, versammlet, die der englische Befehlshaber nicht für rechtmäßig erkannte, weil sie ohne seine Erlaubniß zusammen berufen war. Hier waren überdem verschiedene Vorrathshäuser für die Provincialtruppen angelegt, auf den Fall, wenn die bisherigen Zwistigkeiten in wirkliche Feindseligkeiten ausbrechen sollten. Der General Gage, der damals in Boston Oberbefehlshaber war, schickte daher 1800 Mann aus, die Versammlung aufzuheben, und alles dortige Kriegsgeräthe fortzuführen und zu verderben. Allein die dortigen Provincialtruppen waren nicht unvorbereitet; die Engländer fanden schon in Lexington, einem Ort, den sie auf dem Wege nach Concord paßiren mußten, einige Compagnien Miliz in den Waffen, die sich erst nach einigen Salven aus dem kleinen Gewehr zerstreute. Sie kamen hierauf nach Concord, wo sie freylich einige Ammunition verdarben, aber doch ihres Hauptzwecks verfehlten; denn die Provincialtruppen eilten so zahlreich gegen diesen Ort an, daß sie ihn bald verlassen, und sich auf dem Rückwege von Americanern verfolgt sehen mußten. Vielleicht würden diese in dem ersten Gefecht einen vollkommenen Sieg erfochten, und selbige gar von Boston abgeschnitten haben, wäre den letztern nicht ein ansehnliches Corps unter dem Lord Percy zu Hülfe geeilt, ihren Rückzug zu decken. Dieß Gefecht, worinn der größte Verlust auf Seiten der Engländer war, sahen die Kolonien als eine Kriegserklärung an; in allen Provinzen ward der Angriff der Engländer als grausamer Brudermord, und die offenbarste Tyranney geschildert, und beförderte die Zurüstungen ausserordentlich, die vorher zwar beschlossen, aber bis dahin in Massachusetsbay nur allein zur Ausführung gekommen waren. In dieser Provinz zogen sich gleich nach dem Gefecht 20000 Mann zusammen, und schlossen Boston von der Landseite ein. Ihnen folgten 6000 Mann aus Rhodeisland, und Connecticut stellte unter dem Obristen Putnam ein ansehnliches Corps Miliz. Pensilvanien ließ Philadelphia mit 4000 Mann besetzen, und hielt ein grösseres Corps in Bereitschaft, um auf den ersten Befehl aufzubrechen. In Virginien griffen die Einwohner zu den Waffen, als der englische Statthalter Lord Dunmore Pulver aus den Magazinen von Williamsburg, am Bord eines Kriegsschiffs bringen ließ, und vertrieben ihn aus der Provinz, so daß er seine Zuflucht zu den Schiffen nehmen mußte. Er versuchte zwar durch Hülfe einiger Freunde der Regierung oder der Loyalisten unter den schottischen Kolonisten, einer geringen Anzahl brittischer Truppen und flüchtigen Neger, denen er Freyheit versprach, wenn sie ihre Herren verlassen würden, die Einwohner zu schrecken, landete hin und wieder auf den Küsten, und legte sogar die Städte Hampton und Norfolk in die Asche. Allein dergleichen Barbarey, und die Bewaffnung der Neger gegen ihre Herren, erbitterten die Virginier nur noch mehr, und der Gouverneur musste zuletzt nach Florida flüchten. In Neujersey wurden die königlichen Magazine, sogar die Cassen ausgeleeret, und damit die zusammengezogene Provincialmiliz besoldet. Die Einwohner der nördlichen Grafschaften von Neujork und dem Lande Vermont, die einen Ueberfall von englischen Truppen aus Canada her befürchteten, fielen sogar in Canada ein, und machten sich in kurzer Zeit von den Grenzplätzen, Ticonderago, Crownpoint und andern Festungen, an den Seen Champlain und George, Meister, wo sie große Kriegsvorräthe erbeuteten, und die gegen einen Angriff ungerüsteten brittischen Besatzungen zu Kriegsgefangenen machten.

In Philadelphia kam nach dem Gefecht von Lexington der Congreß der dreyzehn vereinigten Kolonien zum zweytenmahl zusammen, und machte alle Vorkehrungen zum Kriege, der nunmehro ganz unvermeidlich war. Er befahl, Neujork zu besetzen, welche Stadt die Engländer wegen ihrer Lage, und wegen des Beystands, den sie von den vielen Loyalisten in dieser Provinz erwarteten, mit einem Angriff bedroheten. Er ließ sogar eine sogenannte Continental-Armee, wozu jede der dreyzehn Provinzen, die sich gegen England erklärt hatten, ihre Contingenter sendte, zusammenziehen und ernannte Befehlshaber. Der Oberste Washington aus Virginien, der in dem vorigen Kriege mit Frankreich schon die Miliz dieser Provinz gegen den Feind geführt hatte, bekam das Obercommando, und unter ihm dienten die drey Generale, Putnam, Ward und Schuiler. Der Eifer war in allen Kolonien außerordentlich groß, ihr Vaterland zu vertheidigen, zumal da die Dienstzeit damals nur auf acht Monate eingeschränkt war. In Massachusetsbay bewaffneten sich sogar die ältesten Personen, und hier ward unter dem Namen der Veteranen ein eigenes Corps errichtet, daß achtzigjährige Befehlshaber hatte, und bey denen keiner unter vierzig Jahren diente. Außer den Provinzialen,

welche

welche zur Einschließung von Boston gebraucht wurden, und den verschiedenen Armeen, welche bey Philadelphia zur Garnison von Neujork und zur Bedeckung der canadischen Eroberungen zusammen gezogen waren, stand in Virginien die americanische Legion 15000 Mann stark, und der aus englischen Diensten gegangene General Lee übte die Miliz von Süd- und Nord-Carolina in den Waffen. Die an der See belegenen Küsten wurden gegen den Angriff der englischen Flotten mit Festungswerken und Batterien versehen, und die wehrlosen Einwohner erhielten Befehl, bey Erscheinung einer englischen Flotte sich mit ihren Habseligkeiten, ins Innere des Landes zu begeben. Der Congreß ließ Papiergeld verfertigen, das in allen Provinzen Cours erhielt, und für dessen Werth in klingender Münze eine jede Provinz auf eine bestimmte Summe Bürgschaft leistete. Auf diesem Congreß ward den 20 May 1775 die erste ordentliche, nachher oft erneuerte Verbindung der dreyzehn Kolonien geschlossen, die sich wechselseits Hülfe und Beystand versprachen. Ihre Bevollmächtigten erhielten unter dem Namen des Generalcongresses die Gewalt, Krieg und Frieden schließen, Allianzen zu machen. die Kriegsführung und die dazu nothwendigen Kosten zu besorgen, und selbst die Kolonien mit Großbritannien auszusöhnen. Massachusetsbay blieb in diesem Jahr der Kriegsschauplatz. Boston war von der Provinzialarmee unter dem General Washington sehr enge eingeschlossen, und der Mangel an Lebensmitteln war sehr groß, weil die englischen Truppen mit allen Nothwendigkeiten von England aus versehen werden mußten, viele ihrer Proviant- und Versorgungs-Schiffe aber den americanischen Capern in die Hände fielen. Gegen Ende des Jahres 1775 giengen von England, ohne die von Cork nach Boston gesandten Lebensmittel an gesalzenem Fleisch, Speck und dergleichen zu rechnen, 5000 Ochsen, 14000 lebendige Schafe, eben so viel Schweine ne, 10000 Fässer Bier und 5000 Caldron Steinkohlen eben dahin. Selbst Heu und Pferdefutter mußte von Europa dahin geschafft werden, weil, der Besatzung aus den Colonien das geringste zu liefern oder zuzuführen, vom Congreß verboten war.

In eben diesem Jahr geriethen die eingeschlossene brittische Armee und ihre Belagerer noch einmal an einander, und die erstere erfuhr zu ihrem Nachtheil, was sie von zwar unerfahrner, aber für ihre Freyheit und ihren Grund und Boden fechtender Landmiliz für einen tapfern Widerstand zu erwarten hatte. Die Engländer in Boston hatten bisher unterlassen, die in der Nachbarschaft der Stadt gelegene Anhöhe Bunkershill zu besetzen, die nicht nur Boston, sondern auch die umliegende Gegend bestrich. An ihrer Statt setzten sich die Belagerer auf derselben fest, und konnten von derselbigen nicht nur Boston, sondern auch die im Hafen liegenden Schiffe beschießen. Um sie zu vertreiben, wurden den 17 Junius zweytausend Engländer unter dem General Howe eingeschifft, und die Provinzialen von diesen, unter einem heftigen Kanonenfeuer, von den Schiffen angegriffen. Sie vertheidigten sich aber mit ungemeiner Tapferkeit, und die brittischen Truppen wurden mit großem Verlust zurück getrieben. Allein da immer frische Truppen den Angriff erneuerten, mußten sie ihren Posten verlassen. Die Engländer verloren an Todten und Verwundeten über 1000 Mann, und die Americaner vielleicht nicht weniger; aber von ihrem ganzen Verlust bedaureten sie den Tod des Doctor Warren am meisten, der, gleich vielen von seinen Landsleuten, mit Hinterlassung seiner Berufsgeschäfte, ins Feld geeilt war, und seinen weniger patriotischen Landsleuten ein Beyspiel gegeben hatte, für die gemeinschaftliche Sache der Freyheit alles zu wagen. Während des Gefechts gerieth die Stadt Charlestown, vermuthlich durch das Feuer der Flotte, in Brand, und dieser

aus

aus 400 Häusern bestehende Handelsort ward in einen Aschenhaufen verwandelt. Dieß Treffen war das blutigste in dem ganzen Kriege, und von dieser Zeit an, bis Großbritannien mit einem Heer von mehr als 50000 Mann zur Bezwingung der Kolonien über das atlantische Meer eilte, fielen von beyden Seiten, zu Wasser und Lande, nichts als kleine Scharmützel vor, die nichts entschieden. Unter diesen militärischen Operationen verdient indeß der gedoppelte Angriff auf Canada, welches nur von wenig englischen Truppen vertheidiget wurde, und gegen die anrückende Macht der Kolonisten keinen Beystand erwarten konnte, eine genauere Beschreibung.

Die beyden an Canada gränzenden Provinzen, Neuengland und Neujork, besorgten einen Angriff von daher, zumal wenn England, wie man wohl erwarten konnte, seine dortigen Garnisonen verstärkte. Um diesen Angriff zu vereiteln, hatten die Einwohner vom Lande Vermont bereits in vorigem Jahre die Forts Edward, Fort Anne, Ticonderago und Crownpoint erobert, und sich Meister von den Seen, an den Gränzen von Canada und Neujork gemacht. In diesem Jahre beschloß man nun die Engländer ganz aus der Provinz zu vertreiben, ehe sie Verstärkungen erhalten konnten, und man wählte den Herbst und die Wintermonate, als die dazu bequemste Zeit zur Ausführung. Zu dem Ende wurden von der americanischen Armee, vor Boston zwey verschiedene Detaschements beordert, wovon das eine, unter dem General Montgommery, von Neujork aus den Weg längs den Seen Georg und Champlain und dem Lorenzfluß nehmen, und den südlichen Theil der Provinz besetzen, das andere aber von Nevhampshire aus, die nördlichen Gegenden in der Nachbarschaft von Quebec angreifen sollte. Montgommery brach im November mit 3000 Mann auf, eroberte die Forts St. John und Chambly am Sorellfluß und machte viele Gefangene. Auch Montreal, die zweyte

Stadt in dieser Provinz, mußte sich ergeben, und beynahe wäre der brittische Befehlshaber, der General Carleton, ihnen in die Hände gefallen. Sie machten eine große Beute, und unter andern fanden sie in den brittischen Magazinen so viel neue Montirungen, woran es den Kolonien zu Anfange des Krieges sehr fehlte, daß das ganze Corps damit neu gekleidet werden konnte. Von hier konnte nun Montgommery seine mit allem wohl versehene Mannschaft nach Quebec führen, welches keinesweges versehen war eine Belagerung auszuhalten.

Arnolds kleine Armee schiffte sich auf dem Kennebecfluß ein, um auf diesem und dem in den Gebirgen von Neuhampshire entspringenden Fluß Chandiere den Lorenzstrom zu erreichen. Allein er fand auf seinem Zuge unerwartete Hindernisse, da er ein und dreyßig Tage lang unbewohnte Wildnisse durchziehen, bald zu Wasser, bald über Gebirge seinen Marsch, beladen mit allem, was seine Truppen an Provision und Kriegsbedürfnissen brauchten, fortsetzen mußte, oft durch Wasserfälle, Moräste, und undurchdringliche Waldungen, vorwärts zu gehen verhindert ward, und dabey mit Hunger, Kälte, und Krankheiten zu kämpfen hatte. Die Mühseligkeiten dieses Marsches waren für die Truppen so abschreckend, daß eine ganze Division mit ihrem Obersten zurück gieng. Zu Anfange des Decembers vereinigten sich beyde Armeen vor Quebec, und bemühten sich, den ganzen Monat durch, die Stadt einzuschließen und Batterien anzulegen. Allein wegen der rauhen Jahreszeit, und wegen Mangel an schwerem Geschütz, konnten sie nichts gegen die Festung ausrichten, und beschlossen daher in der rauhesten und kältesten Witterung, wo die Erde einige Fuß hoch mit Schnee bedeckt war, unter einem heftigen Schneegestöber den Ort zu bestürmen. Die schwache, größtentheils aus irregulären Truppen, Matrosen, canadischen Flüchtlingen, und schottischen

Emi-

Emigranten bestehende Besatzung, schlug indessen diesen Sturm ab, und die Belagerer mußten, nachdem Montgommery getödtet, und Arnold schwer verwundet war, mit großem Verlust abziehen. Dennoch aber waren die Provinzialen noch stark genug, Stand zu halten, und Quebec ward mitten in der härtesten Jahreszeit bis zum Frühling von den Provinzialen aufs engste eingeschlossen.

Die Auftritte zwischen den brittischen und americanischen Truppen in Neuengland und Virginien, vorzüglich aber der Einfall in Canada, zeigten dem brittischen Parlament, daß eine größere Macht erforderlich sey, wenn England Canada, Neuschottland, und Florida (diese Provinzen waren ihm von seinem weitläuftigen Gebiet in Nordamerica nur allein übrig) behaupten, und die Colonien zur Anerkennung seiner Herrschaft zwingen wollte. Es wurden daher außerordentliche Anstalten gegen Nordamerica gemacht, und alle englischen Kriegeszurüstungen in diesem Jahrhundert gegen die vornehmsten Mächte von Europa erforderten im ersten Feldzug und nachher nie so ungeheure Summen, als das Jahr 1776, in welchem 55000 Mann Landtruppen, (unter denen 16968 Mann deutsche Truppen) und 28000 Seeleute, zur Widereroberung von America zusammengebracht wurden. Obgleich noch nie eine solche Macht, als 1776 nach America gieng, über das atlandische Meer war geschifft worden, so war sie, wie der Erfolg bewiesen, und Personen vorher sagten, welche die Verfassung und Gesinnung der Colonien kannten, dennoch lange nicht hinreichend, diese wieder unterwürfig zu machen. Die Engländer hatten nicht bloß mit den Armeen, die ihnen America entgegen stellte, sondern mit dem ganzen Lande, mit jedem Einwohner zu fechten. Sobald sich irgendwo englische Truppen zeigten, so verließen die Einwohner ihre Wohnungen, griffen zu den Waffen, ihr Eigenthum zu vertheidigen, und verstärkten ihre Armeen, zwar mit

mit undisciplinirten, aber entschlossenen, für Feuer und Herd fechtenden Soldaten. England verließ sich zwar auch auf seine Freunde, die Loyalisten, die in Neujork, Pensilvanien, und Nordcarolina zahlreich und mehr oder minder in allen Provinzen vorhanden waren. Allein diese durften, aus Furcht vor der herrschenden Parthey, und ihre Güter einzubüßen, sich selten für England erklären. Und wenn sie zum Vortheil Großbritanniens die Waffen ergriffen, waren sie weder zahlreich noch disciplinirt genug, mit den regulairen Truppen zugleich gebraucht werden zu können. Viele ließen sich bewaffnen, um ihre Wohnungen gegen die Parthey des Congresses zu schützen, andere, um sich an ihren persönlichen Feinden zu rächen; keiner aber wollte sich der Kriegszucht und Subordination der regulairen Regimenter unterwerfen. Ueberdem war das Land von ungeheurem Umfange, voll Wälder und Gebirge, die das Vordringen einer Armee verhinderten, und die Eingebohrnen, die alle Vortheile des Landes kannten, waren im Stande ihre Gegner durch kleine Angriffe, Ueberfälle und Scharmützel zu ermüden. Die Engländer konnten aus Mangel solcher Oerter, die ihnen zu Waffenplätzen, Magazinen, und Hospitälern dienen konnten, weder ihre Eroberungen behaupten, noch, wenn sie Meister von der Küste oder eines großen Flusses waren, tief landeinwärts vordringen. Dazu kam, daß sie ihre Bedürfnisse größtentheils von Europa erwarten mußten, da sie entweder in Wildnissen oder durch den Krieg verödeten Gegenden Krieg führten, und der außerordentliche Mangel an baarem Gelde in den Colonien nur dann und wann einzelne Einwohner verleiten konnte, den Feinden Lebensmittel zuzuführen.

Die in diesem Jahr 1776 zur Bezwingung von America bestimmte Macht kam sehr spät, nämlich erst im August, in America an, daher hatten die Colonien den größten Theil des Jahres Zeit, sich in Bereitschaft zu setzen. Ihre Caper machten gute Beute von den Engländern, und viele nach Boston bestimmte Schiffe fielen ihnen in die Hände. Sie nahmen viele fremde, besonders französische Ingenieur- und Artillerie-Officiers, in ihre Dienste. Sie rüsteten sogar eine Flotte aus, die freylich nie so furchtbar als ihre Landmacht ward, und nur aus einigen Fregatten und Caperschiffen bestand, allein doch den Engländern in den beyden ersten Jahren außerordentlichen Schaden zufügte. Im Anfange des Jahres 1776 lief diese Flotille, unter Hopkins Anführung, der vorher auf englischen Schiffen gedient hatte, aus dem Delawar, eroberte die vornehmsten der bahamischen Inseln und machte den Gouverneur nebst der Besatzung zu Gefangenen. Außerdem nahmen die americanischen Caper viel wohl beladene westindische Schiffe weg; sie wagten sich sogar in die europäischen Gewässer, störten den irrländischen und brittischen Handel, und machten 1776 eine Beute von mehr als 6 Millionen Thaler an allerley Waaren, weil ihnen anfänglich die spanischen und französischen Häfen offen standen, und sie hier ihre Beute verkaufen konnten.

In den mehresten Provinzen, wie Virginien, Maryland und Südcarolina, hatten die englischen Statthalter längstens ihre Gewalt und Einfluß verloren. Jetzt, da jede Provinz sich bewaffnete, und nach den Verordnungen des Generalcongresses handelte, (dessen Glieder englischer Seits, nicht anders als die Anführer einer sich täglich mehrenden Rebellion betrachtet werden konnten,) und keiner auf ihre Befehle achtete; so legten sie freywillig ihre Stellen nieder, und begaben sich entweder nach Florida, oder an Bord königlicher Schiffe, und erwarteten Hülfe von der Hauptarmee, oder von den Wilden, die sich im Innern des Landes mit einigen Loyalisten zu vereinigen versprochen hatten. In Nordcarolina bewaffneten sich auch einige der sogenannten Regulators, welche die äußersten angebauten Gegenden bewohnten, zum Vortheil des Hofes, und wurden ver-

schot-

schottischen Emigranten, und den brittischen Besatzungen verstärkt, die in den Forts gegen die Wilden lagen. Allein Konelly, der Anführer der Loyalisten in Virginien, ward in Maryland gefangen, und die Miliz in Carolina eilte so schnell und zahlreich den Loyalisten entgegen, ehe sie eine Armee wurden, daß sie entweder aus einander getrieben, oder durch das Unglück ihrer Brüder, und das Außenbleiben der versprochenen englischen Hülfstruppen, in ihrem Entschluß sich für England zu erklären, wankend gemacht wurden.

In Massachusetsbay konnten die in Boston eingeschlossenen Truppen noch weniger ausrichten, und die barbarische Strenge, welche der brittische Admiral gegen die Stadt Falmouth ausübte, weil sie den Engländern nicht erlauben wollte, Masten zu laden, indem er durch ein heftiges Kanonenfeuer diesen aus 400 Häusern bestehenden Ort in die Asche legen ließ, brachte die Einwohner eben so wenig wieder zum Gehorsam, als Lord Dunmores Feindseligkeiten, die er auf den Küsten von Virginien ausübte. Das englische Ministerium befahl daher schon zu Ende des Jahres 1775, Boston zu verlassen, und Neujork dagegen zu besetzen, weil hier die Flotte sicherer liegen, die Truppen von der langen Insel leichter verproviantirt werden konnten, auch wegen der beträchtlichen Anzahl königlich gesinnter Einwohner in dieser Provinz die Kriegsoperationen vielleicht glücklicher und mit mehrerm Nachdruck angefangen werden konnten. Allein der Befehl langte zu spät in Boston an; es fehlte auch an Transportschiffen, die Truppen, Magazine, und Loyalisten fortzuschaffen. Sie blieben also den Winter über hier, standen außerordentliches Ungemach von Mangel und Kälte aus, und waren, während der härtesten Jahrszeit, ihrer Flotte wegen in der äußersten Gefahr, welche die Americaner, sobald der Hafen mit Eis belegt wäre, zu verbrennen droheten. Den größten Mangel litt die englische Besatzung an Feurung,

und

und es wurden alte Häuser in Boston niedergerissen, weil die meisten von England dahin gesandten Kohlenschiffe von den americanischen Kapern erobert wurden. Um Lebensmittel zu erlangen, mußten Schiffe nach Westindien und Georgien abgehen, allein dadurch ward dem täglich überhand nehmenden Mangel wenig abgeholfen. Washington zwang sie endlich, den Ort den 16 März 1776 zu verlassen. Die Provinzialen waren der Stadt mit ihren Batterien so nahe gekommen, daß sie solche beschießen konnten, und Wind und Wetter verhinderten die englische Besatzung, so oft sie etwas gegen die Werke der Americaner unternehmen wollte, ihre Feinde anzugreifen. Der damalige englische Befehlshaber in Boston, der General Howe, schloß daher mit den Belagerern eine Art von Kapitulation, daß er mit seinen Truppen die Stadt, ohne solche zu beschädigen, räumen wollte, wenn Washington ihn bey seinem Abzuge nicht beunruhigen würde. Howe segelte hierauf mit seiner 6000 Mann starken Besatzung, 900 Kranken und 1500 Loyalisten nach Hallifax, der Hauptstadt von Neuschottland, ab. Außer vielen mit englischen Waaren angefüllten Magazinen, mußte er, wegen Mangel an Transportschiffen, viel Geschütz und Ammunition in Boston lassen, und nach Räumung dieser Stadt waren die Engländer aus allen dreyzehn vereinigten Kolonien vertrieben, und das von den Provinzialen enge eingeschlossene Quebec, waren nebst Hallifax und den Wüsteneyen von Neuschottland, die einzigen Ueberbleibsel ihrer ehemaligen Oberherrschaft über die nördliche Hälfte von America. Howe zog, bey seinem Abzuge, Hallifax der Stadt Neujork vor, weil diese stark von den Americanern besetzt war, Hallifax ein damals für England wichtiger Ort, gegen alle Angriffe haltbar gemacht werden mußte, und er seine Armee gern üben wollte, in Linien zu agiren, welches wegen Mangel an Raum in Boston nicht möglich war. Er verweilte hier, um die aus

Europa

Europa kommenden Verstärkungen zu erwarten, bis zu Anfange des Julius, weil er seit langer Zeit keine Depeschen vom Londner Ministerium erhalten hatte, und die Hülfstruppen erst im August alle in der neuen Welt anlangten.

Sie sollten in drey verschiedenen Armeen, unter den Generalen Howe, Bourgoyne, und Clinton, nach einem sehr gut entworfenen Plane America angreifen. Allein bey dem weitläuftigen Umfange des Kriegstheaters der großen fern von einander liegenden Provinzen, und den Schwierigkeiteiten einander zu unterstützen, waren 80,000 Mann europäische Land- und Seetruppen zu schwach, ihn zum Vortheil Großbritanniens ausführen zu können. Eine von diesen Armeen sollte zu Anfange des Jahres unter den Generalen Clington und Cornwallis Charlestown erobern, und in Vereinigung mit den Freunden der königlichen Parthey in den südlichen Provinzen diese zum Gehorsam zwingen. Die zweyte unter dem General Bourgoyne, die aus Engländern, Braunschweigern und den hanauischen Truppen bestand, war bestimmt Quebec zu entsetzen, die Provinzialen aus Canada zu verjagen, und entweder in Neujork, oder Neuengland vorzudringen. Howes Armee, die durch 12000 Hessen, und 18000 Engländer verstärkt wurde, war das Hauptcorps, welches, von der Flotte unterstützt, Neujork erobern, der americanischen Hauptarmee entgegen gehen, und, nach Bezwingung der Provinz Neujork, entweder Bourgoyns Operationen unterstützen, oder sich in Pensilvanien und den mittlern Provinzen ausdehnen sollte. Keiner von diesen Planen ward, wegen der Schwäche der englischen Armeen, und der beynahe unglaublichen Hindernisse, welche sich einigen derselben entgegen stellten, und des sich nachher durch Beytritt der bourbonischen Häuser weiter ausbreitenden americanischen Krieges, wie wir bald sehen werden, ausgeführt.

Indessen

Indessen machten die Nachrichten welche die Kolonien, zeitig genug, von den grossen englischen Zurüstungen erhielten, diese keinesweges in dem Vorsatze wankend, ihre Rechte und Verfassung gegen ihren Oberherrn zu behaupten, sondern sie wandten die Zeit, welche von den Feindseligkeiten vor Boston, bis auf den wirklichen Angriff von Charlestown und Neujork verstrich, zu kriegerischen Rüstungen an, sie zogen nemlich die Provinzialtruppen zusammen, legten Magazine an, und setzten sich überhaupt in Bereitschaft, einen zahlreichen Feind von ihren Wohnungen abzuhalten. Zugleich nutzten sie die Zeit der Ruhe, im Anfange des Jahres 1776, sich genauer unter einander zu verbinden und den Einfluß der Krone, oder des brittischen Parlaments, in ihre Verfassung aufzuheben, worauf zuletzt, nach vielen Debatten unter den Gliedern des Congresses, die gänzliche Trennung von England durch die Independenzerklärung der dreyzehn vereinigten nordamericanischen Staaten erfolgte.

Südcarolina war, nach Massachusetsbay und den andern drey neuenglischen Provinzen, dasjenige Land, worin die Krone die wenigsten Freunde, die Sache der Freyheit hingegen die meisten Anhänger hatte, und folgte schon 1775 dem Beyspiel von Massachusetsbay, ihre Verfassung völlig demokratisch umzuformen, als der englische Gouverneur, nebst den vornehmsten Landesbedienten, die Provinz verließ. Alle Stellen welche sonst die Krone auf Lebenszeit zu besetzen pflegte, wurden nun auf bestimmte Zeit von dem Volke vergeben, und die mehresten Glieder der Regierung nur von einem Landtag bis zum andern erwählt. Der Congreß ermunterte einige Zeit nachher, den 13 May 1776, die übrigen Provinzen, ihre damalige Verfassung ebenfalls zu verändern, und die bisher von der Krone ausgeübte Gewalt aufzuheben. Zugleich ward vom Congreß der wichtige Punkt der Independenz-Erklärung in Berathschlagung genommen, welche in allen Provinzen, außer in Pensilvanien und Maryland, eifrigst gewünscht ward. In der Lage worinn sich damals die Kolonien befanden, nachdem sie die englischen Befehlshaber aus dem Lande vertrieben, sich überall gegen Englands Anhänger und Truppen bewaffnet hatten, und keine Befehle ihres alten Oberherrn weiter befolgten, war dieses, beym Ausbruche eines wahrscheinlich blutigen bürgerlichen Krieges, nothwendig. Dem Congreß fehlte es ohne angenommene Independenz, an gehöriger Gewalt, seine Befehle vollstrecken, und Widerspenstige bestrafen zu lassen, und in den Augen der Auswärtigen blieben die Kolonien, so lange sie noch in einiger Verbindung mit England waren, und dabey einen Vertheidigungskrieg führten, Rebellen, deren sich keiner annehmen konnte. Sobald sie aber sich völlig von Großbritannien trennten, und vor der ganzen Welt als ein freyes Volk zeigten, das mit England bloß zu Behauptung seiner Freyheit kriegte; so konnten sie von andern Mächten, vorzüglich den bourbonischen Höfen, mit denen gleich nach dem Ausbruch der Feindseligkeiten Unterhandlungen angefangen wurden, Beystand erwarten. Anstatt aber daß bisher alle Schlüsse des Congresses einmüthig abgefaßt waren, fand die Independenz-Erklärung anfänglich außerordentliche Widersprüche. In den ersten darüber gehaltenen Berathschlagungen, waren sechs Provinzen für, und eben so viel gegen dieselbe; Pensilvanien, gab gar keine Erklärung, indem die Abgeordneten dieser Provinz hierüber unter sich eben so wenig, als die dreyzehn Provinzen unter einander, einig werden konnten; die pensilvanischen Quäcker und die meisten in der Provinz wohnenden Deutschen, stimmten nämlich gegen die Unabhängigkeit, weil sie solche damals, ohne Geld, ohne disciplinirte Truppen, ohne Alliirten, bey dem verschiedenen Interesse der nördlichen und südlichen Provinzen, nicht gegen England behaupten zu können glaubten. Allein die Parthey der Presbyterias

Unterlaner in der Provinz, welche, wie in Massachusetsbay und Südcarolina, nach einer förmlichen Trennung mit England strebte, bekam den andern Tag das Uebergewicht, Pensilvanien trat nun zu denen, für die Unabhängigkeit stimmenden Provinzen, und so ward dieselbe den 4 Julius 1776. von sieben Provinzen: Massachusetsbay, Connecticut, Neuhampshire, Virginien, Rhodeisland, Südcarolina und Pensilvanien, gegen die sechs andern beschlossen, von denen Maryland am längsten bey seiner gegenseitigen Meynung beharrte. In der Acte, welche der Congreß bey dieser Gelegenheit bekannt machen ließ, rechtfertigte er diesen Schritt vor allen Nationen, durch die bisher von England über Nordamerica ausgeübte Tyranney und Unterdrückungen. Er beschwerte sich darinn, daß England Gesetzgebung und Regierungsform in den Provinzen über den Haufen geworfen, den Lauf der Gerechtigkeit in den Gerichten verhindert, große Heere zur Unterdrückung der Freyheit nach America herüber gesandt, Fremde zur Bezwingung der Kolonien gedungen, Handel und Wandel gestört, und durch Einforderung neuer Taxen die americanische Verfassung umgestoßen habe. Außer den einmüthigen Schlüssen, welche auf die Independenz-Erklärung in allen Provinzen folgten, für die neuerlangte Freyheit alles zu wagen, war noch ein wichtiges Geschäft, die nähere Vereinigung der dreyzehn Provinzen übrig. Diese kam aber erst einige Monate nachher, am 6 Oct., zu Stande. Durch dieselbe verbanden sich alle dreyzehn Staaten zur gemeinschaftlichen Vertheidigung, so oft die Länder, die Religion oder der Handel eines derselben angegriffen würde. Kein Staat soll, nach dieser Union, eine Allianz oder Verbindung ohne die übrigen treffen. Ein jeder behält seine besondere Verfassung und das Recht, sie nach Gutbefinden zu verändern, alle Geschäfte mit Auswärtigen hingegen, Krieg und Frieden, und überhaupt alles, was die neue Republik sammt und sonders betrifft, das Münzwesen, allgemeine Abgaben, die Unterhaltung der Armee und Flotte, die Entscheidung der Zwistigkeiten unter einander, gehören vor den Generalcongreß, der aus den jährlich gewählten Deputirten der dreyzehn Staaten zusammen kömmt, und in welchem eine jede Provinz Eine Stimme hat. Oder mit andern Worten: dieser Generalcongreß ward das für Nordamerica, was die Generalstaaten für die sieben vereinigten Niederlande sind, mit dem er auch größtentheils gleiche Gewalt hat. Eben derselbe hat seitdem den Krieg gegen England glücklich geführt, die Verbindung der dreyzehn Provinzen, mancher innerlicher Fehden und bürgerlicher Zerrüttungen unerachtet, erhalten, mit Frankreich und Holland Verbindungen zur Beschützung der nordamericanischen Freyheit geschlossen, und endlich, durch den Pariser Frieden, dieselbige völlig befestigt.

Während dieser, für Nordamericas Verfassung so nothwendigen, Verfügungen, kam endlich nach und nach die zur Unterdrückung derselben bestimmte brittische Macht an, und Südcarolina ward von derselben zuerst angegriffen. Schon gegen Ende des Jahres 1775 war eine Flotte, unter Sir Peter Parkers Anführung, zu dieser Unternehmung ausgelaufen, welche, mit einigen Truppen von Howe's Armee und etlichen irrländischen Regimentern, die Bewegungen der Loyalisten in dieser Provinz, und den Angriff der Wilden, von den blauen Bergen her, auf die innern wenig angebauten carolinischen und virginischen Grafschaften, unterstützen sollte. Allein, Sturm und Ungewitter hielten den Lauf der Flotte so sehr auf, daß sie erst im Anfange des Junius an dem Ort ihrer Bestimmung ankam. Unterdessen hatte der Congreß bereits Nachricht von dieser Unternehmung erhalten, und in Charlestown, gegen welchen Ort der Angriff vorzüglich gerichtet war, die besten Vertheidigungsanstalten machen lassen. Merkwürdig war es, daß der General

Clinton,

Clinton, den Howe von Boston zu dieser Unternehmung abschickte, den americanischen General Lee, (der von dem Operationsplan der Engländer genau unterrichtet seyn mußte) durch forcirte Märsche, da wo man nur einen feindlichen Angriff vermuthen konnte, in Neujork, in Virginien, beym Vorgebirge Fear in Nordcarolina, und bey Charlestown, überall, und immer in der besten Bereitschaft vorfand, und namentlich ward die letztere Stadt, durch die von ihm wohl getroffenen Vertheidigungsanstalten, gerettet. Die englische, zum Angriff derselben bestimmte, Escadre konnte nur mit großen Schwierigkeiten über die Sandbank kommen, welche das Fahrwasser von Charlestown für große Schiffe so unsicher macht; einige geriethen gar auf den Grund, und die ganze Unternehmung scheiterte. Die Festungswerke von Fort Sulliwan waren stärker als die Engländer glaubten, so daß die heftigste Kanonade von den Schiffen nichts gegen dieselben ausrichten konnte. Das Geschütz der Americaner war so gut bedient, daß nicht nur die englischen Schiffe sehr beschädigt wurden, sondern auch eins derselben, der Actäon, während des Gefechts auf den Grund gerieth und verbrannt werden mußte, damit er den Feinden nicht in die Hände fiele. Die Landtruppen, unter den Generalen Clinton und Cornwallis, waren auf einer kleinen sandigten Insel postirt, von der sie durch einen seichten Arm des Cooperflusses zum Angriff des Forts Sulliwan waten sollten. Allein dieser Arm den man den englischen Anführern, zur Ebbezeit nur als achtzehn Zoll tief angegeben hatte, war mehr als Mannes tief, und diese angebliche Furth, noch überdem, von carolinischer Miliz so gut besetzt, daß die englischen Landtruppen gar nichts zur Unterstützung der Flotte ausrichten konnten. Die Flotte gieng also mit den Truppen unverrichteter Sachen nach Neujork, zur englischen Hauptarmee unter dem General Howe, wieder zurück, und die südlichen

Provinzen wurden bis aufs Jahr 1779 von den brittischen Truppen nicht weiter beunruhigt.

Die zweyte, zum Entsatz von Quebeck und zu Vertreibung der Americaner aus Canada bestimmte brittische Armee, unter den Generalen Carleton und Bourgonne, eröffnete im May 1776 den Feldzug. Gleich bey der Ankunft der ersten brittischen Schiffe hoben die Provinzialen, in deren Lager die Pocken aufs heftigste wütheten, und eine frühere Aufhebung der Belagerung verhindert hatten, dieselbe auf, und Carleton, der den Ort gegen Feinde, Mangel und Kälte den Winter über tapfer vertheidigt hatte, vereinigte seine schwache Besatzung mit den Hülfstruppen, um den fliehenden Feind zu verfolgen, der seine Belagerungsartillerie, viel Feldgeräth, und eine Menge Sturmleitern im Stiche ließ, womit die Americaner im Anfange des März die Stadt, obgleich vergeblich, bestürmt hatten. Die ganze englische Armee, welche auf 13000 Mann stark war, setzte den Americanern, zu Wasser, in der größten Geschwindigkeit nach; allein am 14 May waren die Provinzialen schon bis an den Sorelfluß, an den Grenzen von Canada, zurück gewichen und hatten Montreal, Troisrivieres, die Forts St. John und Chambli, nebst dem angebauten Theil von Canada, völlig verlassen. Erst in den nördlichen Gegenden der Provinz Neujork, beym See Champlain, der, nebst dem Georgensee, die Wassercommunication zwischen dem Lorenz- und Hudsonsfluß erhält, und ohne welchen es in den wüsten Gegenden zwischen St. John und Albany für eine Armee unmöglich seyn würde in Canada oder Neujork vorzudringen, erst hier hielten sie Stand. Sie hatten auf diesem See 15 armirte Fahrzeuge ausgerüstet, und zu dem Ende Schiffbauer nebst verschiedenen Schiffsbedürfnissen von den weit entfernten Seestädten, mit außerordentlichen Kosten, hergeschafft, auch die Forts Crownpoint und Ticonderago, welche die Fahrt auf beyden Seen vertheidigten, aufs stärkste befestigt. Wollte also Bourgoyne mit seiner Armee weiter vordringen; so mußten diese Seen von Feinden gereinigt, das heißt, um die americanische zurück zu treiben, mußte zuerst, auch englischer Seits, hier eine Flotte geschaffen und beyde Forts erobert werden. Nur dann erst konnte der englische General die Stadt Albany, wie der Operationsplan war, erreichen, und sich am Hudsonsfluß mit der Hauptarmee unter dem General Howe vereinigen. Der Eifer der brittischen Befehlshaber und die Standhaftigkeit der Truppen überwand alle diese Hindernisse. Bis Chambly, einem Fort am Sorelfluß, war die Armee größtentheils zu Wasser fortgeschafft worden, weil aber der Fluß Sorel, südwärts derselben, nicht tief genug ist, auch Wasserfälle hat, so mußten die Truppen, mit ihrem Gepäcke, ihren Lebensmitteln und Kriegsbedürfnissen, durch Waldungen, über Moräste, und ungebahnte Wüsteneyen vorwärts marschiren; und noch weit mehr als dieß, auch die Schiffe, welche die Flotte der Americaner auf dem See Champlain angreifen sollten, alle Fahrzeuge, auf welchen nachher die ganze Armee weiter transportirt werden mußte, und deren sie damals über tausend bey sich hatte, die Materialien zu Galeeren und andern armirten Fahrzeugen und alle Lebensmittel für die ganze Armee, alle diese ungeheure Menge von verschiedenen Bedürfnissen mußte durch eben diese, von allem Anbau und Menschenwohnungen leere Einöde, drey deutsche Meilen weit, bis an den See fortgeschafft werden. Wirklich war es eine außerordentliche, vielleicht unerhörte Arbeit in einem kurzen Zeitraum von drey Monaten eine ganze Flotte, (von der das Schiff Inflexible achtzehn Kanonen führte, und drey Masten hatte,) über Land auf Rollen und Walzen, wegen Mangel an Zugvieh zum Theil durch Menschen, fortzubringen, andere Schiffe von nicht geringerer Größe, binnen eben dieser Zeit, im Angesichte des Feindes zu erbauen, und, ganz oder halb vollendet, auf gleiche Weise, mit allem, was die Flotte und die Armee bis zu ihrer Ankunft in den bewohnten Theilen von Albany brauchte, nach dem See Champlain und von dort durch noch rauhere unwirthbarere Gegenden, jenseit des Georgensee, bis in den Hudsonsfluß weiter zu schaffen! Oft mußten die Truppen bey diesem Landtransport erst Wege durch Waldungen hauen, zuweilen meilenlang, über Sümpfe und Moräste, Strassen machen, ja der General Bourgoyne versichert in seinem nachher gedruckten Bericht an die englische Regierung, daß er hin und wieder, in kleinen Strecken Landes von wenigen englischen Meilen, ohne die andern Arbeiten, allein auf zwanzig Brücken schlagen müssen, um mit den Truppen weiter zu kommen.

Doch, endlich erreichten die Engländer die Ufer des Champlain und im Anfange des Octobers erschien auf demselben ihre Flotte von zwey und dreyßig Segeln, welche von 7 bis 18 Kanonen führten, und mit siebenhundert versuchten Matrosen bemannt waren. Dergleichen hatte Arnold, der Befehlshaber der Americaner, nicht erwartet, und seine Flotte, womit er den Marsch der Britten nach Albany verhindern zu können glaubte, war, weder der Größe und Bauart der Schiffe nach, noch in der Anzahl der Kanonen, oder in Manövriren, mit der brittischen in Vergleichung zu stellen. Sie suchte sich daher zu verbergen, um vielleicht, unvermuthet, den schwächern Theil der brittischen Flotte anzugreifen, oder die Transportschiffe, welche derselben folgten, zu zerstören, ward aber bey der Insel Valcour erreicht, geschlagen, und größtentheils zu Grunde gerichtet. Die Americaner verbrannten ihre meisten Schiffe, oder liefen mit denselben auf den Strand, um die Equipage wenigstens vor der brittischen Gefangenschaft zu retten, und nur zwey derselben hatten das Glück nach Ticonderago zu entfliehen. Ihre Landarmee zog sich hierauf von Crownpoint zurück, verbrannte die Magazine und

Haupt-

Hauptgebäude, und überließ den Engländern die Herrschaft über den See. Weil aber die Americaner noch Meister von Ticonderago waren, einem Fort, welches den Georgenice deckte, dessen Eroberung beym Einmarsch in Neujork, der Communication mit Canada wegen, nothwendig, wegen der späten Jahrszeit aber unmöglich war; so verlegte Carleton, der bisher, als Gouverneur von Canada, den Oberbefehl über diese Armee geführt hatte, selbige in die Winterquartiere, besetzte Crownpoint, als den äußersten Posten gegen Neujork, mit 3000 Mann und machte, den Winter über, die besten Anstalten, die Truppen im folgenden Jahr bis Albany, oder gar bis an den Ausfluß des Hudsonsflusses, zu führen.

Die dritte Armee, oder das brittische Hauptcorps unter dem General Howe, konnte, wegen der in America spät ankommenden Verstärkungen, ihre Operationen erst mit Anfang des Julius anfangen. Howe verließ (ohne auf diese Verstärkung zu warten, die ihm sein Bruder, der Lord Howe, nebst einer zahlreichen Flotte zuführte,) Hallifax den 10 Junius und setzte seine Truppen auf der Staateninsel, zwischen der Küste von Neujersey und der langen Insel, ans Land. Neujork, die Hauptstadt der Provinz gleiches Namens, welche von hier aus erobert werden sollte, war gegen diese Macht durch eine Armee von 25000 Americanern, die Washington anführte, und durch ein fliegendes Corps das in Neujersey stand, gedeckt, auch außerdem der Hudsonsfluß, an dessen Mündung Neujork belegen ist, durch zwey starke, an beyden Ufern, aufgeführte Schanzen, Fort Lee, und Washington, beschützt. Ehe indessen Howe mit den Feindseligkeiten den Anfang machte, ließ er, Kraft seiner Vollmacht, den ausgebrochenen Krieg durch Unterhandlungen beyzulegen, ein Manifest austheilen, worinn die Einwohner in den Kolonien ermahnt wurden, die Waffen niederzulegen, alle vorherigen Verbindungen aufzuheben, und ruhig wieder in ihre

Wohnungen zurück zu kehren. Er versprach zugleich für alles vergangene Verzeihung, versuchte auch Unterhandlungen mit dem General Washington, iedoch ohne Erfolg, weil die brittischen Befehlshaber, den Kolonien, als pflichtvergessenen Unterthanen, Verzeihung anboten, nicht aber mit dem Congreß und dessen Abgeordneten, als mit Gesandten eines freyen Staats, handeln wollten. Howe hoffte nach diesen fehlgeschlagenen Unterhandlungen, durch eine geheime Verbindung mit einigen Loyalisten in Neujork und Neujersey, an welcher der Gouverneur von Neujersey, Wilhelm Franklin, Sohn des berühmten Doctor Franklin, der Maire von Neujork, verschiedene Einwohner dieser Stadt, und sogar einige von der Armee, Theil nahmen, seine militärische Operationen zu unterstützen. Allein sie ward entdeckt, doch sind die genauern Umstände der ganzen Verschwörung noch nicht hinlänglich bekannt geworden. Einige von den Theilnehmern mußten nachher ihre Anhänglichkeit an Großbritannien mit dem Leben büßen, andere wurden mit Gefängniß, die Vermögenden aber mit Einziehung der Güter bestraft, welches Schicksal überhaupt in allen Provinzen die überwiesenen Anhänger der königlichen Parthey hatten. Ihre Güter wurden verkauft, und der Ertrag zu der Vertheidigung des neuen Freystaats verwandt, die jedoch mit diesen Confiscationen, mit dem Papiergelde, das der Congreß in vielen Millionen curşiren ließ, und mit den in America gemachten Anleihen, keinesweges bestritten werden konnte. Das Papiergeld, wovon, nach Einiger Meynung, der Congreß bis zu Ende des Jahrs 1779 über fünf und dreyßig Millionen (35,544,155 Pf. St.) nach Herrn Prices richtigern Angaben aber, während dieser Zeit, nur etwa den dritten Theil dieser Summe, oder zwölf Millionen Pf. Sterl. (72 Millionen Reichsthaler) ausgegeben hatte, und welches hernach so außerordentlich unter seinem Werth fiel, vertrat, in den ersten Kriegs-

Kriegsjahren, gewissermaßen die Stelle der Kriegssteuern, die der Congreß, beym ersten Ausbruch der Feindseligkeiten, den Provinzen nicht auflegen durfte. Dadurch nämlich, daß das Papiergeld des Congresses zuletzt beynahe gar keinen Werth hatte *), und also mit einer geringen Summe baaren Geldes realisirt werden konnte, hatte der Congreß, der das Papiergeld den 29 Sept. 1780 gewissermaßen aufheben ließ, gleichen Vortheil als wenn er während dieser Zeit zwölf Millionen Pf. Sterl. an Steuern erhalten hätte. Was die Besitzer des Papiergeldes an dem jährlich fallenden Werth verloren, betrug vielleicht eben so viel, als sie während dieser Zeit zu

*) Hundert Dollars in Gold oder Silber, jeden zu 5 Livres 6 Sols oder einen Reichsthaler sechs Groschen gerechnet, waren, im Jänner 1777 nur fünf pro Cent schlechter als Papiergeld, oder galten 105 Dollars; im August dieses Jahres aber schon 150 Dollars. Von dieser Zeit fiel es mit jedem Monat ganz außerordentlich. Im November dieses Jahres waren hundert Dollars baaren Geldes gleich 300 Dollars Papiergeld im April 1778 400 Dollars, im December dieses Jahres 633 Dollars. Im März 1779 gab man für hundert Dollars baar Geld 1000 D. Papier im Sept. 1800 und im Dec. 2593 D. Im Febr. des folgenden Jahres konnte man hundert Thaler Münze kaum mit 3322 und im April mit 4000 D. einwechseln. Und doch durfte bis dahin Niemand, bey Strafe von vierzig Pf. St. und der Unfähigkeit zu irgend einer Bedienung, dergleichen Papier in Zahlung verweigern, bis der Congreß zuletzt im März 1780 erklärte, kein Papiergeld auszugeben, auch die Einwohner nicht weiter durch Strafen gezwungen wurden, selbiges anzunehmen.

einer allgemeinen Kriegssteuer hätten beytragen müssen.

Doch wir kehren wieder zu den Operationen der brittischen Hauptarmee, unter dem General Howe, zurück. Diese landete endlich den 22 August auf der langen Insel, welche ein starkes Corps Provinzialen unter Putnam besetzt hatte. Sie mußten aber mit einem Verluste von 3000 Mann ihrer besten Truppen die Insel räumen, und nach Neujork ziehen. Vielleicht wäre kein einziger von dem ganzen Heer nach dem festen Lande entkommen, wenn Howe etwas hätte wagen wollen, oder die englischen Kriegesschiffe nicht von widrigen Winden abgehalten worden wären ihnen den Rückweg abzuschneiden. Hierauf ward die Stadt Neujork angegriffen, und von den Americanern verlassen. Washington hielt nun noch einen befestigten Posten bey Kingsbridge besetzt, wo eine Brücke die kleine Insel, auf welcher Neujork liegt, mit dem festen Lande vereinigt. Auch von hier wurden die Provinzialen vertrieben, allein noch vorher gieng der dritte und beste Theil der Stadt Neujork in Flammen auf. Mordbrenner, die den Ort nicht in den Händen der Engländer lassen wollten, zündeten die Stadt an verschiedenen Orten an, und die englischen Truppen, welche zum Löschen herbey eilten, fanden Einwohner beyderley Geschlechts mit der Arbeit beschäftigt, die Flamme zu vermehren, und die geretteten Häuser und Magazine von neuem anzuzünden. Washington ward hierauf bey Whiteplain von den Engländern aus seinem festen Posten in die nördlichen Gebirge getrieben, die beyden Forts Lee und Washington warden theils von den Siegern gestürmt, oder von den Besatzungen verlassen, und der Name Fort Washington in Fort Kniphausen verändert, um die Tapferkeit der Hessen, und ihres Anführers bey der Eroberung, auf eine kurze Zeit zu verewigen. Alle Versuche des brittischen Generals, Washingtons Armee zu einem Treffen zu bringen,

waren

waren vergebens, weil die Provincialarmee nur vertheidigungsweise den Krieg führen wollte, und es, in Reih und Gliedern, mit europäischen geübten Truppen, ohnmöglich aufnehmen konnte. Sie hielt indessen bis zu Ende des Novembers gegen die Britten Stand, mußte aber bald darauf durch Neujersey über den Delawar zurück gehen, weil die Dienstzeit des größten Theils der Armee abgelaufen war, die meisten Truppen nach Hause giengen, und Washington kaum 3000 Mann bey sich behielt. Wegen der späten Jahrszeit und der Unwissenheit, worinn sich die brittischen Befehlshaber den größten Theil des Kriegs über in Absicht des Zustandes ihrer Feinde befanden, ward dieser ihnen so vortheilhafte Umstand, vermittelst dessen sie bis Philadelphia hätten vordringen können, nicht benutzt. In dieser Stadt war das Schrecken damals so groß, daß der Congreß, nebst den vornehmsten Einwohnern, nach Baltimore in Maryland flüchtete. Die englische Armee gieng dagegen in die Winterquartiere, und ward größtentheils in Neujersey vertheilt, wo Braunschweig der Hauptposten, und Trenton am Delawar, der äußerste Posten war. Der ganze Feldzug ward darauf mit Eroberung der Insel Rhodeisland und der Stadt Newport beschlossen, welche den 18 December eingenommen wurden. Dadurch erhielt nun die englische Flotte, die den Winter über bey Neujork nicht sicher liegen konnte, einen geräumigen sichern Hafen, die americanische Flotte hingegen, welche unter dem Commodore Hopkins in dem innern Meerbusen lag, und bisher die Schiffahrt der Britten sehr beunruhigt hatte, durfte jetzt nicht auslaufen, und ein Theil der Armee bekam bessere Quartiere und war hier den Operationen näher, welche man 1777 in Neuengland eröffnen wollte. Auf diese Weise endigte sich der erste Feldzug des nordamericanischen Krieges zwar vortheilhaft für England, aber nicht so glorreich, als man von der gegen America ausgesandten Macht erwartet hatte.

hatte. Die Provinzialarmee war aus Canada vertrieben, und von Crownpoint konnten die Engländer, entweder in Connecticut oder Neuyork, zur Unterstützung der Hauptarmee vordringen. Rhodeisland, der beste Kriegshafen der neuen Republik, war verloren, und Boston nebst Massachusetsbay wurden mit einem feindlichen Besuche bedrohet: Neuyork, nebst einem großen Theil von Neujersey, war von der brittischen Hauptarmee besetzt, und diese konnte, entweder nordwärts längs dem Hudsonsfluß agiren, um die nördlichen Provinzen völlig von den südlichen zu trennen, oder, sie konnte Pensilvanien angreifen. Längs der Küste, und bey den vornehmsten Handelsstädten kreuzten überall Fregatten und andere brittische Fahrzeuge, die nicht nur den Handel der Americaner ganz und gar zu Grunde richteten, sondern es ihnen beynahe unmöglich machten, von den Inseln Eustatius, St. Croix, und andern Orten her, Kriegsbedürfnisse, Salz und andere Nothwendigkeiten, die ihnen zu Anfange des Krieges fehlten, einzuführen.

Indeß verlor der Congreß bey dieser verzweifelten Lage, da seine Hauptarmee zerstreuet, und die meisten Einwohner durch das widrige Kriegsglück des ersten Jahres verzagt und niedergeschlagen waren, der Staat keine andern Hülfsmittel als Papiergeld hatte, dessen Werth die Feinde durch Nachmachen noch mehr verminderten, und Handel und Wandel durch den Krieg zerstört waren, dennoch den Muth nicht. Einzelne Schiffe brachten, der Aufmerksamkeit der englische Küstenbewahrer ungeachtet, doch Kriegsbedürfnisse und selbst Artillerie von neutralen Häfen ein. Der Congreß suchte fremde Officiers, vorzüglich Artilleristen und Ingenieurs, in seine Dienste zu ziehen. Um ferner dem gemeinschaftlichen Feinde allezeit eine Armee entgegen stellen zu können, ward die Dienstzeit der Truppen verändert und diese entweder auf drey Jahr, oder auf so lange als der Krieg dauern würde, unter

großen

großen Versprechungen angenommen. Nach Europa wurden Abgeordnete geschickt, um mit den bourbonischen und andern Höfen in Unterhandlungen zu treten, und in neutralen Ländern ihre nothwendigsten Bedürfnisse zu kaufen. In Frankreich fand America, gleich Anfangs, die mehreste Unterstützung. Was der Hof vor Bourgoyne's Niederlage der neuen Republik öffentlich zu gestatten nicht für gut fand, das thaten Privatpersonen. Der berühmte Beaumarchais rüstete schon im Jahr 1776 den Fier Rodrigue und andere Schiffe, mit Montirungen, Gewehr und andern Waaren nach Nordamerica aus, und unterdessen der Pariser Hof seinen Unterthanen verbieten ließ, den Nordamericanern Kriegsbedürfnisse zuzuführen, und den Kapern dieser Nation untersagte, ihre Prisen in den französischen Häfen zu verkaufen, giengen, aus eben diesen Häfen, über 20 Schiffe, beladen mit allem was America zur Führung des Krieges brauchte, ab, und ein großer Theil der americanischen Kaper, die 1776 dem brittischen Handel über sechs Millionen Reichsthaler Schaden zufügten, waren mit französischen Matrosen bemannt.

Wie wenig die brittischen Progressen, und die freywillige Zerstreuung der nordamericanischen Hauptarmee, den Entschluß der Americaner wankend machte, die angenommene Independenz gegen England bis aufs äußerste zu vertheidigen, das zeigt Washingtons Wintercampagne zu Ende des Jahrs 1776 am besten. Freywillige, aus Pensilvanien und Neujersey, vermehrten, nebst den Hülfstruppen der südlichen Kolonien, und den neuen Werbungen, die bis auf 3000 Mann geschmolzene Provinzialarmee, in der kurzen Frist eines Monats, so weit, daß sie wieder über den Delawar gehen, und die Engländer schon den 25 December angreifen konnte. An diesem Tage überfiel nämlich Washington den äußersten brittischen Posten in Neujersey zu Trenton, machte daselbst 900 Hessen zu Gefangenen, drang hierauf

auf, in aller Geschwindigkeit, ungeachtet die feindliche Armee gegen ihn in Bewegung war, bis Princetown, vor, bedrohete ihre Magazine in Braunschweig, und zwang, mit einer viel schwächern Armee, die Engländer, ihre mehresten Posten in Neujersey zu verlassen, und sich näher nach ihrem Hauptquartier zusammen zu ziehen. Seitdem haben sie auch ihre Waffen, in Neujork und Neujersey, den ganzen Krieg über nicht weit außer den engen Grenzen ihres Hauptquartiers ausbreiten können.

Großbritannien gab indeß den Gedanken, Nordamerica wieder zu bezwingen, noch nicht auf, und es wurden dazu 1777 nicht minder ernsthafte Anstalten gemacht, als das Jahr vorher, obgleich nicht so viel Truppen über das atlantische Meer gesandt werden konnten, als die Befehlshaber verlangten. Howe's Operationsplan war, ohne die canadische Armee unter Carleton und Bourgoyne, mit 10,000 Mann Massachusetsbay anzugreifen, und alle nördliche Insurgenten, bis an den Grenzen von Neuschottland, zu unterwerfen. Zehntausend Mann sollten, von Neujork aus, längs dem Hudsonsfluß vordringen, und sich mit der canadischen Armee zu vereinigen suchen. Achttausend Mann sollten, in Neujersey, gegen Washington agiren, und ihn über den Delawar treiben. Im Herbst wollte er eine Landung in Maryland und Virginien versuchen, und die Wintermonate waren zur Wiedereroberung von Carolina und Georgien bestimmt. Allein dazu verlangte er eine Verstärkung von zehn Kriegsschiffen, und 15000 Mann europäischer regulairer Truppen, um mit 35000 Mann unter seinen Befehlen, 50,000 Mann Nordamericaner, die der Congreß, ohne die Miliz, im Jahr 1777 zusammen bringen wollte, aus einander zu jagen. Allein diesen Plan konnte England, bey den großen Summen, die der Krieg kostete, nicht ausführen. Anfänglich versprach das Ministerium dem General Howe eine Verstär-

kung

kung von 7800 Mann, wovon zuletzt aber nur 2900 Mann geschickt werden konnten. Der ganze Operationsplan ward dahero verändert, die Wiederbezwingung von America weiter hinaus gesetzt, und die brittischen Unternehmungen bestanden 1777 bloß darinn, daß die canadische Armee bis Albany in Neujork vordringen, und mit der Hauptarmee eine Vereinigung suchen, diese aber Philadelphia und Pensilvanien erobern sollte. Wäre es möglich, die Armeen durch Loyalisten und americanische Corps, zu verstärken, so sollte der Winter zu Bezwingung der südlichen Provinzen angewandt werden.

Der dießjährige Feldzug ward, wegen der spät anlangenden Verstärkungen, noch mehr aber wegen Mangel an Zelten und andern Nothwendigkeiten, nicht vor dem Junius eröffnet. Howe marschirte mit seiner Armee nach Neujersey, suchte Washington zum Treffen zu nöthigen, um, nach dessen glücklichem Erfolg, über den Delawar zu gehen. Allein Washington stand in den Gebirgen, in einem befestigten Lager, wo die Engländer ihn nicht anzugreifen wagten. Sie verließen also diese Provinz, und schifften sich, außer was zur Besatzung von Neujork und der langen Insel zurück blieb, auf ihrer Flotte ein, um, von der Seeseite, desto leichter einen Angriff auf Philadelphia wagen zu können. Hier fanden sie aber den Delawar, in welchen die aus 250 Fahrzeugen bestehende Flotte einlaufen mußte, gegen einen feindlichen Besuch aufs beste verwahrt. Schwimmende Batterien und Feuerschiffe, hinderten die große Flotte, sich hier beysammen vor Anker zu legen; die Ufer und Inseln, mitten im Fluß, waren durch Forts und Verschanzungen gedeckt, und das Fahrwasser durch versenkte Schiffe und allerley Maschinen überall versperrt. Hätten etwa die Engländer in einiger Entfernung von Philadelphia landen wollen, so waren die Ufer hier so morastig, und durch Sümpfe und Binnenwasser so durchschnitten, daß die Armee unmöglich sich mit Vortheil agiren konnte. Howe, der nun wieder zurück kehren, entweder in Neuengland eine Landung versuchen, oder, zur Unterstützung der canadischen Armee, in Neujork etwas wagen mußte, wollte den Angriff von Philadelphia nicht aufgeben. Er segelte daher südwärts, lief mit seiner Flotte in die Chesapeakbay, zwischen Virginien und Maryland, ein, und landete seine Truppen in der letzteren Provinz am Elckflusse. Wegen widriger Winde kam er hier erst am Ende des August an, und Mangel an Magazinen und Zugvieh zwangen ihn, nebst der zu schnellen Kriegsoperationen untauglichen Gegend, langsam und mit großer Vorsicht gegen Philadelphia anzurücken. Auf diesem Zuge fand er, am Brandiwynefluß, Washingtons Armee, die durch die Miliz dieser Gegenden ansehnlich verstärkt war, und ihm den Marsch nach Philadelphia streitig machen wollte. Aber sie ward hier, wie im vorigen Jahr bey Whiteplains, geschlagen, ohne daß es zur wirklichen Feldschlacht zwischen beyden Heeren kam, und darauf ward Philadelphia am 26 Sept. von brittischen Truppen besetzt, nachdem der Congreß sich vorher ins Innere von Pensilvanien begeben hatte. Um Meister vom Hafen zu werden, und der Armee Gemeinschaft mit der Flotte zu verschaffen, die nach dem Siege bey Brandiwyne, die Chesapeakbay verließ, mußten die Provinzialen aus den Verschanzungen und Forts vertrieben werden, welche sie, zur Beschützung des Hafens, angelegt hatten. Diese wurden erst im November erobert, wobey die Engländer aber ein Kriegsschiff und viel Truppen einbüßten. Hiemit endigten sich die diesjährigen Unternehmungen der brittischen Hauptarmee. Sie hatte zwar Philadelphia erobert, aber dadurch, weil außer der Hauptstadt von den Truppen kein Ort von Wichtigkeit eingenommen war, in der Wiederbezwingung von America wenig gewonnen. Washington blieb Meister des Landes, die Engländer hatten nicht einmal mit Neujork, ungeachtet es nur etwa zwanzig Meilen von Philadelphia entfernt ist, zu Lande Communication, die Armee ward größtentheils von der Flotte mit Lebensmitteln versehen, und der Mangel an Fourage war bisweilen so groß, daß man sie von Rhodeisland her holen mußte. Die Loyalisten, mit welchen man die Armee zahlreich zu verstärken geglaubt hatte, fanden sich so sparsam ein, daß die verschiedenen Corps, die einige königlich gesinnte damals errichteten, größtentheils aus americanischen Kriegsgefangenen bestanden, und daß in Pensilvanien, während der ganzen Zeit, da die Engländer Philadelphia besetzt hielten, überhaupt nicht mehr als 974 Loyalisten angeworben wurden.

Die canadische Armee hatte zwar, im Anfange des Feldzugs, weil die Provinzialen vor ihr wie im vorigen Jahre flohen, einen glücklichen Fortgang, allein zu Ende war sie zu schwach den vorgeschriebenen Plan glücklich auszuführen, und ihr Schicksal bey Saratega gab nicht nur dem ganzen Kriege eine andere Gestalt, sondern bewies auch den Engländern, mit wie vielen unüberwindlichen Hindernissen sie, bey der größten Anstrengung ihrer Kräfte, zur Wiedereroberung von America zu streiten hatten. Bourgoyne, der 1777, das Obercommando über die canadische Armee erhielt, welche längs den Seen bis Albany vordringen, und mit der Armee in Neujork eine Vereinigung zu Stande bringen sollte, brach, den 20 Junius, von Crownpoint mit 7137 Mann auf, um die Americaner aus Ticonderago zu verjagen. Der Anfang gieng glücklich von Statten, und dieß Glück schien den eiteln, ruhmsüchtigen Befehlshaber schwindlicht zu machen, indem er es zuletzt, mitten in der unwirthbarsten Einöde, von seinen Magazinen abgeschnitten, und nur auf wenige Tage mit Lebensmitteln versehen, noch immer nicht für unmöglich hielt mit abgematteten, durch verschiedene Niederlagen geschwächten Truppen, einen viermal stärkern Feind zu schlagen!

Beym Anmarsch des brittischen Heeres verließen die Americaner das stark befestigte Ticonderago, und zogen sich bis an den Hudsonsfluß zurück, wo sie von einigen regulären Truppen, und der Miliz von Vermont, Neuhampshire und Connecticut, verstärkt, und Gates, Arnold und Putnam, ihre Anführer wurden. Bourgoyne folgte ihnen durch die Wüsten, auf ungebahnten Wegen, bis Fort Edward, etwa neun deutsche Meilen von Albany, und sieben und dreyßig Meilen von Neujork belegen, am Ufer des Hudsonflusses. Allein, Mangel an Zugvieh, und noch mehr Mangel an Lebensmitteln, zwangen ihn, dort Halt zu machen. Denn Mehl, Fleisch und alles was zur Erhaltung seiner Armee diente, war von England übers atlantische Meer nach Quebec, von Quebec bald zu Lande, bald zu Wasser, bis an den Georgensee gebracht, und mußte von hier auf einem Wege, den die Truppen vorher durch die Wildniß bahnen mußten, zur Armee geschafft werden. Obgleich der Weg von diesem See bis zu Bourgoynes Lager nur drey deutsche Meilen betrug, und täglich, bloß zum Transport der Lebensmittel, zwey hundert Wagen und Karren gebraucht wurden, so konnten diese doch, binnen funfzehn Tagen nicht mehr, als was die Armee täglich brauchte, und vier Tage Vorrath herbey schaffen. Es ward also, indem der größte Theil der Armee beschäftigt war, die Wege zu bessern, Brücken zu schlagen, Lebensmittel zu holen, und die Fahrzeuge für den Hudsonsfluß über Land fortzubringen, ein Corps, unter dem Obristlieutenant Baum, nach Bennington, im Lande Vermont, das in dem ganzen Feldzuge der Kriegsschauplatz blieb, abgeschickt, um ein großes Magazin der Americaner wegzunehmen, und Wagen und Zugvieh zusammen zu bringen. Mit dieser Unternehmung fieng Bourgoynes Unglück an; das ausgesandte Corps war nicht stark genug, gegen den Feind zu agiren, und die gemachte Beute zu decken. Es bestand nur aus 500 Mann, und

ward

ward daher, ehe es noch Bennington erreichte, von den Einwohnern, die vorher sich als Loyalisten unterworfen hatten, von der Miliz aus Neuhampshire, die gerade damals durch Bennington zur Verstärkung der Hauptarmee marschirte, und durch einige Verstärkungen von der Hauptarmee, angegriffen. Die Truppen wehrten sich aufs äußerste, allein die viermal stärkern Americaner fochten wie Verzweifelte, indem sie sich den Kanonen und kleinem Gewehr bis auf acht Schritte näherten, um desto gewisser zielen zu können, und als die Engländer und Deutschen endlich alle ihre Ammunition verschossen hatten, mußten sie vor dem überlegenen Feind weichen, dem jedoch nur wenige zu entkommen das Glück hatten. Ein anderes diesem zu Hülfe eilendes Corps hatte beynahe dasselbige Schicksal, und ward, mit Verlust seines Anführers und schweren Geschützes, zurück geschlagen.

Ob nun gleich die englische Armee durch diesen Verlust geschwächt wurde, die Americaner täglich neue Verstärkungen erhielten, und ein zwiefacher Sieg über die Engländer ihren Enthusiasmus, fürs Vaterland zu streiten, vermehrte; so wollte der brittische Befehlshaber in seiner täglich critischer werdenden Lage, dennoch lieber vorwärts nach Albany gehen, als sich zurück ziehen, weil er einmal, dieses Zuges wegen, neben Xenophon und seinen zehntausend Griechen in der Geschichte zu glänzen hoffte. Unmöglich aber läßt sich dieser Marsch, worinn, bey weiterm Vordringen, der Verlust der ganzen Armee unvermeidlich war, bey seiner Schwäche, und nach zwey Schlappen, weder vertheidigen noch entschuldigen. Er gab dadurch alle Communication mit Canada und seinen Magazinen auf, weil er nicht Truppen genug hatte, Zwischenposten zu besetzen, die Feinde aber stark genug waren, ihm, (wie hernach auch wirklich geschahe) den Rückweg abzuschneiden. Eine andere kleine Armee unter dem Obersten St. Leger, welche Stanwix, ein Fort in der Nachbar barschaft des Ontariosees erobern, die Americaner vom Mohawkfluß vertreiben, und sich hernach mit der bourgoynischen Armee vereinigen sollte, mußte vor dieser Festung unverrichteter Sachen abziehen, und konnte nicht zu ihm stoßen. Von Neujork konnte er keine Verstärkung erwarten, da Howe nach Philadelphia gegangen war, und das, was Clinton an den südlichen Ufern des Hudsons unternahm, um die gegen Bourgoyne versammelte americanische Armee zu theilen, mehr eine Streiferey, als ein wirklicher Versuch war, Bourgoyne's Armee aus ihrer gefährlichen Lage zu reißen. Nur mit der äußersten Beschwerde konnte dieser letztere nunmehr, im Angesicht einer ihm dreymal überlegenern Armee, vorrücken, weil er, bloß zum Transport der Mundprovisionen für seine Armee auf dreyßig Tage, das andere Gepäcke und die Artillerie ungerechnet, vierhundert Fahrzeuge brauchte, und diese an seichten Stellen oft ausgeladen, und meilenweit über Land fortgeschafft werden mußten. Und wenn er endlich Albany erreichte, welches er doch bey der feindlichen Uebermacht schwerlich hoffen konnte, so war seine Lage nichts besser. Albany war ein offener Ort, und der Weg bis nach Neujork acht und zwanzig deutsche Meilen weit; hier waren für ihn keine Magazine offen, und die vermeynte Unterstützung der Loyalisten eben so unsicher und ungewiß, als er sie im Lande Vermont erfahren hatte; die rauhe Witterung machte, in diesen wilden Gegenden, Kriegsunternehmungen, bey so später Jahrszeit, unmöglich, und er konnte hier endlich in einem offenen Ort, ohne Magazine, und entfernt von Neujork und Albany, kein ander Schicksal erwarten als er nachher bey Saratoga wirklich erfahren mußte.

Wie also die Hoffnung fehlschlug, durch Wegnahme der Benningtonschen Magzaine, die Armee bis Albany zu verproviantiren, so ließ Bourgoyne auf die oben beschriebene äußerst beschwerliche Art, zum weitern Zuge nach Albany, vom Georgensee

gensee her, Lebensmittel auf dreyßig Tage zusammen bringen, und zog damit der americanischen Armee entgegen. Er konnte aber wegen der Uebermacht seiner Gegner, die durch die Miliz der benachbarten Provinzen täglich verstärkt wurden, und binnen vierzehn Tagen sich auf 14000 Mann vermehrt hatten, nicht weiter, als bis Brämus=Höhen, etwa fünf Meilen von Albany, kommen. Hier ward ein Theil seiner Armee den 7 Oct. angegriffen, und mit großem Verlust zurück geschlagen. Nunmehro mußte Bourgoyne wieder über den Hudsonsfluß gehen, um, an der östlichen Seite desselben, wo möglich, Fort Edward das nur einige Meilen vom letzten Schlachtfelde belegen war, und von dort aus Ticonderago zu erreichen. Allein der Fluß war überall von den Americanern stark besetzt; ein anderes Corps Provinzialen stand ihm im Rücken, um seine Retirade nach Canada zu verhindern, und die siegende Hauptarmee folgte ihm auf dem Füße nach, so daß er endlich, von allen Seiten eingeschlossen, da er nicht nur mit überlegenen Feinden, sondern auch mit Mangel an Lebensmitteln, mit der rauhen Jahrszeit, und den außerordentlichen Hindernissen der Gegend zugleich zu kämpfen hatte, und seine Armee bis auf 3500 Mann wirklich diensthuender Truppen geschmolzen war, sich den Americanern bey Saratoga ergeben mußte. Vermöge der Capitulation, die der feindlicher Seits commandirende General Gates, zu Ehren der dreyzehn Provinzen, in 13 Artikeln abfaßte, mußte Bourgoyne's Armee das Gewehr strecken, und versprechen, den Krieg über nicht länger gegen America zu dienen. Die Canadier und Provinzialen wurden zu Hause geschickt, und die Engländer nebst den Deutschen sollten entweder in Boston nach Europa eingeschifft, oder, gegen americanische Gefangene ausgewechselt werden. Der General Gates eilte sehr mit der Capitulation, weil er einen Theil seiner Truppen dem General Clinton entgegen schicken mußte. Dieser hatte

sich

sich von Neujork aus, auf dem Hudsonsfluß einge- schifft, und suchte der bedrängten bourgoynischen Armee Lufft zu machen, und beynahe war Bourgoyne entschlossen, dieses Umstandes wegen, die den 16 Oct. geschlossene Capitvlation zu brechen. Sie ward aber nachher, aus Ursachen die nicht hinlänglich bekannt geworden, vom Congreß nicht ratificirt, und das ganze Corps hat, bis zu Ende des Krieges, in einer harten Gefangenschaft, theils in der Nachbarschaft von Boston, theils im innern Virginien, ausdauern müssen. Französische Schriftsteller behaupten, die Schiffe, welche die Armee von Boston abholen sollen, wären heimlich mit Gewehr und Kriegsvorrath versehen gewesen, um damit die eingeschifften Truppen zu bewaffnen, und, nach der Einschiffung, einen Angriff auf Boston zu versuchen: Allein unmöglich würde die Oppositionsparthey in England unterlassen haben, diese Hinterlist der englischen Befehlshaber zu rügen, wenn sie gegründet wäre.

Der Unfall der Engländer bey Saratoga, hatte auf die Fortsetzung des nordamericanischen Krieges einen außerordentlichen Einfluß. England mußte nun die Hoffnung aufgeben, America in Einem Feldzuge und mit den dort stehenden Armeen zu bezwingen; der Entschluß des Congresses aber, in dem Kampf um die Freyheit nicht zu erliegen, ward dadurch ungemein gestärkt, indem die Provinzen von Neuengland, von einem feindlichen Besuch nunmehro auf einmal befreyet wurden, und die bisher bloß zu ihrer Vertheidigung bestimmten Truppen, zu Vertreibung der Engländer aus Neujork und Philadelphia gebraucht werden konnten. Den Loyalisten und heimlichen Feinden des Congresses entfiel der Muth, etwas zum Vortheil Großbritanniens zu wagen, und europäische Mächte fanden, da America unter den mißlichsten Umständen bereits zwey Jahr seine Freyheit gegen Großbritannien glücklich vertheidigt hatte, nach dem Siege bey

Saratoga es nicht mehr gefährlich, Verbindungen mit dem neuen Freystaat einzugehen, um, durch Theilnehmung an dem nordamericanischen Kriege, die vormals so schnell furchtbar gewordene großbritannische Uebermacht jetzt vielleicht zu demüthigen.

Gleich nachher hätten Frankreichs Unterhandlungen gewünschten Fortgang, und dieser Staat war unter allen der erste, der die nordamericanische Freyheit anerkannte. Vorher hatte Franklin schon mit den Generapächtern einen Kontract geschlossen, ihnen ausschließlich virginischen Toback zu überlassen, wogegen den Americanern einige Millionen Livres vorgeschossen wurden. Den 16 Dec. 1778 kam der erste Handelstractat zwischen Frankreich und America zu Stande, und den 6 Febr. des folgenden Jahres ward die förmliche Allianz zwischen beyden Staaten geschlossen. In diesem Vergleich versprachen beyde, einander wechselsweise Hülfe; keiner sollte ohne Wissen des andern Friede machen, America sollte von der einmal angenommenen, und von Frankreich anerkannten Independenz nicht abgehen. Frankreich entsagte allen Ansprüchen an Canada und Neuschottland, wenn diese Provinzen etwa während des Krieges den Engländern entrissen werden sollen, und seitdem hat diese Macht, in dem bald darauf mit England ausbrechenden Kriege, Nordamerica mit seiner Armee, Flotte, und mit Geld thätig unterstützt. Es ward sogleich nach der geschlossenen Allianz eine Flotte ausgerüstet, den Engländern eine Diversion zu machen, und nur Wind und Wetter verhinderten solche, Neujork zu erobern. Der Pariser Hof schoß den Americanern drey Millionen Livres vor, von denen, noch vor Unterzeichnung der Allianz, 750,000 Livres bezahlt wurden. In den folgenden Jahren erhielt America gleiche und seit 1780 größere Geldunterstützungen, und bis zu Ende des Krieges hatten die dreyzehn Provinzen von dem Pariser Hofe, nach und und nach, achtzehn Millionen Livres erhalten.

Anfänglich schien zwar der Londner Hof eine baldige öffentliche Verbindung beyder Staate nicht zu vermuthen, weil Frankreich immer frie liche Gesinnungen äußerte, auch zuweilen sein Unterthanen die zu sehr auffallende Partheylic keit gegen Nordamerica verbieten ließ. Alle nur zu bald erfuhr derselbe diese unangenehn Nachricht; er versuchte daher, ehe es zum Au bruch der Feindseligkeiten mit Frankreich ka und ehe etwa die Nachricht von der getroffen Allianz America erreichte, dem Congreß Fried anzubieten, um hernach, mit vereinigten Kräfte Frankreich ganz aus America zu vertreibe Den 17 Februar, eilf Tage nach dem in Par von Franklin und Gerard unterzeichneten Tracta schlug Lorth North im Unterhause vor, mit de Americanern Friedensunterhandlungen anzufan gen, die bisher vom Parlament gemachten For derungen aufzugeben, und, dieser Verhandlun gen halber, Commissarien nach Philadelphia ab zusenden. Ob nun gleich dieser, selbst der Oppo sitionsparthey damals unerklärbare Vorschlag mit außerordentlicher Eilfertigkeit beyde Häuse paßirte, und wohl wenige Parlamentsgliede die wahre Veranlassung desselben muthmaßten so dauerten, wegen der bey solchen Fällen in Parlament üblichen Formalitäten, und den zeit verderbenden Debatten, die über jede Sache in beyden Häusern gewöhnlich vorfallen, die Berath schlagungen doch über einen Monat, dergestalt daß die englischen Friedenscommissarien erst im April nach America abgehen konnten. Sie kamen endlich den 8 Jun. 1776 in Philadelphia an, nachdem der General Howe, vorher schon, beym Congreß auf einen Waffenstillstand angetragen hatte. Das brittische Ministerium wollte durch diesen Friedensversuch die Oppositionsparthey besänftigen, die den Krieg mit America für gesetzwidrig und unnatürlich erklärte, vorzüglich aber wollte er den Congreß, durch Anbietung großer Vortheile, zur Wiedervereinigung mit England reizen, ehe

ehe derselbe etwas von Frankreichs Theilnehmung an diesem Kriege erfahren oder den Allianz- und Handelstractat ratificiren möchte. Der General Howe erhielt daher sehr frühzeitig von diesen Parlamentsverhandlungen Nachricht; er ließ Lorth Norths Aussöhnungsplan, gedruckt, in America austheilen, um die Einwohner auf Großbritanniens Gesinnungen aufmerksam zu machen; auch ließ er dem Congreß Vergleichsvorschläge eröfnen: allein sie wurden, wie man beynahe voraus sehen konnte, verworfen. Man glaubte damals, daß sie, wegen der mit Frankreich geschlossenen Verbindung, nicht angenommen wären. Allein man kann erweisen, daß der Crongreß, zu der Zeit da diese Vorschläge gemacht wurden, von der französischen Allianz noch nichts wußte, und sie also, entweder bloß in der Hoffnung verwarf, daß eine Verbindung mit Frankreich zu Stande kommen würde, oder, weil er die Aechtheit der vom General Clinton publicirten Parlamentsverhandlungen bezweifelte. Da die Engländer Meister von Philadelphia waren, und ihre Kaper vor allen Seehäfen in Menge kreuzten; so hatte der Congreß, seit Jahr und Tag, keine Nachricht von seinen Unterhändlern in Europa erhalten. Silas Deane, einer von den americanischen Bevollmächtigten am französischen Hofe, kam erst den 2 May mit dem Allianztractat in America an, nachdem der Congreß schon den 22 April Clintons Vorschläge beantwortet hatte. Als nachher die englischen Friedenscommissäre die wirklichen Unterhandlungen anfiengen, erhielten sie gleiche abschlägige Antwort, ohnerachtet England die vortheilhaftesten Bedingungen anbot, keine Armee in America zu halten, Vorkehrung zur Bezahlung der americanischen Staatsschulden zu machen, keine Abgaben von den Einwohnern ohne Einwilligung ihrer Provinzialversammlungen zu verlangen, und ihren Deputirten Sitz und Stimme im brittischen Parlament zu erlauben versprach. Indessen ließen sich die englischen Bevollmächtigten,

ten, durch die erhaltene abschlägige Antwort, in ihrem Vorhaben, den Frieden mit America zu Stande zu bringen, nicht abschrecken. Als sie beym Congreß nichts ausrichten konnten, versuchten sie einzelne Glieder desselben, oder angesehene Personen in den verschiedenen Provinzen, zu gewinnen, und setzten nachher, von Neujork aus, die Unterhandlungen fort. Sie geriethen aber darüber mit dem Congreß in einen heftigen Briefwechsel; dieser untersagte allen Einwohnern, bey schwerer Straffe, sich mit den brittischen Bevollmächtigten in Tractaten einzulassen, und das ganze Friedensgeschäft endigte sich mit einer Herausforderung, welche der Marquis de la Fayette, ein überaus thätiger französischer Officier in americanischen Diensten, an einen der Friedenscommissäre, den Grafen Carlisle, schickte, weil dieser, in seinem Ausschreiben an das ganze nordamericanische Volk, dessen französische Alliirte angegriffen hatte.

Der fruchtlose Ausgang dieser Unterhandlungen, noch mehr aber die Furcht vor einer französischen Flotte, die damals auf den Küsten von Nordamerica erwartet wurde, machte in den brittischen Operationen eine große Veränderung. Philadelphia, und was sie in Pensilvanien erobert hatten, mußten sie den 18 Jun. verlassen, weil Clinton, der nunmehro das Commando erhielt, mit seiner Armee, diese Hauptstadt und Neujork, nicht gegen die Provinzialarmee und ihre Alliirten vertheidigen konnte, er auch einen Theil seiner Truppen zur Beschützung der schwach besetzten westindischen Inseln abschicken mußte. Clinton nahm seinen Marsch über den Delawar, durch Neujersey, nach Neujork, im Angesicht der feindlichen Armee, die ihm den Rückweg abzuschneiden suchte. Allein er wählte, der ihm unvortheilhaften Gegend und des gewaltigen Gepäcks und Trosses ungeachtet, den er bey sich führen mußte, überall eine so gute Stellung, daß Washington, der ihn verschiedenemal angriff, ihm gleichwohl

weder

weder den Rückmarsch verwehren, noch Beute machen konnte. Kaum war er aber in Neujork angelangt, so zeigte sich der französische Admiral d'Estaing mit einer der englischen überlegenen Seemacht, von zwölf Linienschiffen, welche 10,000 Mann Truppen am Bord hatte. D'Estaing wagte zwar nicht, Neujork unter diesen Umständen anzugreifen, allein dem ohnerachtet war die englische Armee in einer sehr gefährlichen Lage. Washington hielt sie zu Lande, und d'Estaing zu Wasser eingeschlossen; alle Schiffe, die Zufuhr nach Neujork brachten, fielen den Franzosen in die Hände, und eine englische Flotte, unter dem Admiral Biron, welche der französischen auf dem Fuße folgte, hatte so viel durch Sturm gelitten, daß die Schiffe einzeln und entmastet, in Hallifax, Neujork und Westindien ankamen. D'Estaing wande sich hierauf nach Rhodeisland, um die Engländer von hier, mit Hülfe der Provinzialen, zu vertreiben und seine Flotte hier überwintern zu lassen. Allein der englische General Pigot vertheidigte sich tapfer gegen den gedoppelten Angriff. Die Flotte von Neujork kam ihm zu rechter Zeit zu Hülfe, und d'Estaing mußte abermals weichen. Ein heftiger Sturm, der bald nachher beyde Flotten zerstreute, und die fanzösische sehr beschädigte, verhinderte ein Seetreffen. D'Estaing erreichte endlich Boston, wohin ihm die englische Flotte folgte.

Mit diesen, Englands Wiederbezwingung von Nordamerica ungemein erschwerenden, Vorfällen, endigten sich die dießjährigen militärischen Operationen in den nördlichen Provinzen, die bisher der Schauplatz des Krieges gewesen waren. Dieser zog sich nun nach den südlichen Kolonien, unterdeß, in den nördlichen, die Engländer sich bemühten Neujork, den kleinen Ueberrest ihrer Eroberungen, zu vertheidigen, von hier aus Streifereyen längs der Küste vorzunehmen, die nichts entschieden, oder Wilde und Loyalisten aufzuhetzen, um in den Gegenden, wo ihre Armeen nicht agiren konnten, den Abfall von England mit Feuer und Schwerd, an den Einwohnern zu rächen. Mittlerweile brach, wegen der mit Frankreich errichteten Allianz, ein neuer Krieg in Europa aus, der sich über alle Theile der alten Welt verbreitete, und an welchem Frankreich, Spanien und Holland nach einander Theil nahmen, und Großbritannien nöthigte, die zur Eroberung von America bestimmte Macht zu seiner eigenen Vertheidigung anzuwenden. Die Grenzen dieser Blätter erlauben es uns nicht, alle Auftritte dieses neuen Krieges umständlich zu erzählen, wenn manche gleich auf die glücklich erkaufte Freyheit von Nordamerica thätig wirkten. Es wird hier also genug seyn bloß anzuführen, daß Graßbritannien und Frankreich ohne förmliche Kriegserklärung, bald nach der den 6 Febr. 1778 zwischen dem letzten Hofe und America getroffenen Allianz, die Feindseligkeiten anfiengen, daß Spanien 1779 und Holland 1780 an diesem Kriege gegen Großbritannien Theil nahmen, daß derselbe größtentheils in Westindien geführt wurde, und England in demselben seine mehresten Zuckerinseln, Westflorida, Senegambien und Minorca einbüßte, Frankreich aus seinen ostindischen Besitzungen vertrieben ward, Spanien seine Schätze auf die Belagerung von Gibraltar verschwendete, und Holland, in demselben, Handel, Schifffahrt, Gewicht und Ansehen in Europa verlohr.

Zu eben der Zeit, da Washington, Clinton d'Estaing, und Howe, Neujork und Rhodeisland entweder vertheidigten, oder zu erobern suchten, wagte der englische Oberste Butler, aus dem innern Canada, vom See Ontario her, mit einem Haufen Wilden und Loyalisten, Angriffe auf Pensilvanien, und den Theil von Connecticut, der am Susquehannafluß belegen ist. Sie waren, wie einige andere welche an den Grenzen von Neujork und Carolina nachher wiederholt wurden, zwar nur Streifereyen, die auf das Ganze nichts entschieden, oder ein Ausbruch der

Privat-

Privatrache gegen einander erbitterter Einwohner; weil sie sich aber durch größere Grausamkeiten auszeichneten, als man in unsern Tagen, selbst in bürgerlichen Kriegen, zu sehen gewohnt ist, so beweist vielleicht eine Anzeige einiger von diesen die Menschheit entehrenden Schandthaten, den Bewunderern des achtzehnten Jahrhunderts, die Nichtigkeit unserer gerühmten Aufklärung und Menschlichkeit. Sie können auch vielleicht den noch fortwährenden unauslöschlichen Haß gegen die jetzt verlassenen Loyalisten erklären, der, selbst mitten im Frieden, gegen sie in den mehresten nordamericanischen Provinzen wüthet. Butlers Einfall traf vorzüglich die Gegend um Kingston am angeführten Susquehannafluß. Er erlaubte hier den Wilden mit Feuer und Schwerd zu wüthen, die Einwohner niederzuhauen, oder, nach ihrer barbarischen Kriegsart zu scalpiren, und sogar, nachdem die Einwohner niedergemetzelt, oder in die Waldungen verjagt waren, das Vieh, dem sie lebendig die Zungen ausschnitten, zu martern. Einer von diesen Wütrichen, selbst ein Bewohner dieser Gegend, trieb seine Unmenschlichkeit so weit, daß er einen der gefangenen Befehlshaber, erst den nackten Leib mit fichtenen Splittern und Pflöcken durchbohren, und nachher, nebst zwey andern Anführern, bey gelindem Feuer lebendig und langsam verbrennen ließ. Ein anderer dieser Barbaren, hatte vorher mit seinem Vater in Streite gelebt, und ihn oft zu ermorden gedrohet. Bey dem allgemeinen Blutbade unter den Einwohnern von Wilkesborough und Kingston, erfüllte er seinen unmenschlichen Vorsatz und ließ ihn, nebst seiner Mutter und Geschwistern, niedermetzeln.

Aber nicht bloß in Gesellschaft der Wilden, in entfernten, vom Kriegsschauplatz entlegenen Einöden, wütheten Loyalisten und Anhänger des Congresses gegen einander; sondern selbst in der Nachbarschaft von Neujork, und in Südcarolina, fielen gleich entsetzliche Auftritte vor, welche die Be-

Befehlshaber beyder kriegführenden Theile ungestraft ausüben ließen. Hier mußten die Gefangenen, oder als Freunde der Engländer verdächtigen Loyalisten, beynahe unglaubliche Grausamkeiten erdulden. Ohne Proceß gehangen zu werden, war in Neujersey und Carolina ihr gewöhnliches Schicksal, zuweilen aber litten die unglücklichen Schlachtopfer dieses Bürgerkrieges dann erst die Todesstrafe, nachdem ihnen die Augen ausgestochen, die Nägel von Händen und Füssen gerissen, oder andere barbarische Gliederverstümmlungen mit ihnen vorgenommen waren, und in Südcarolina war oft die Zahl der zu hängenden Loyalisten so groß, daß es im buchstäblichen Verstande an Strängen fehlte, und mancher Loyalist, bloß aus dieser Ursache, dem Tode entgieng.

Gegen Ende des Jahrs 1778 ward der Kriegsschauplatz in die südlichen Provinzen von America versetzt, und englischer Seits, von Ostflorida aus, zur Wiedereroberung von Georgien und der damit grenzenden Provinz Südcarolina, ein Versuch gemacht. Dadurch wollte England beyde Florida, die an dem Kriege gegen England keinen Theil genommen hatten, von den Americanern aber verschiedentlich beunruhigt waren, gegen die Streifereyen dieser letztern in Sicherheit setzen. Man rechnete hier auf den Beystand der Loyalisten, deren Anzahl, in den südlichen Provinzen, zahlreicher als in den nördlichen angegeben ward, und versprach sich von dieser Unternehmung um desto mehr Nutzen, weil eben die südlichen Provinzen, welche jetzt angegriffen werden sollten, den Congreß vor allen übrigen in Stand setzten, den Krieg gegen England zu führen, in so fern ihre Waaren, Tabak, Indigo und Reiß, in Europa gesucht, und diese Producte, in den neutralen westindischen Häfen, mit großem Vortheil verkauft wurden. Außerdem konnten die englischen Zuckerinseln alsdann, während des Krieges, leichter Zufuhr erhalten, welche dagegen,

durch

durch diese Operation, den spanischen und französischen Inseln abgeschnitten ward. Georgien, das eben keine zahlreiche Miliz hatte, und wo die Einwohner sich noch nicht so aus einander zerstreut hatten, als in den andern Kolonien geschehen war, ward damals von der Land- und Seeseite zugleich angegriffen. Von der Landseite rückte der General Prevost, aus Ostflorida, mit den englischen Truppen heran, die er hier zusammen bringen, und mit Loyalisten verstärken konnte. Er fand aber unglaubliche Schwierigkeiten mit seiner kleinen Armee, durch die dichtverwachsenen Waldungen, und die fast unzähligen Lagunen und Ströme zu kommen, welche die Küste von Florida und Georgien durchschneiden, und oft fand er hier keine andere Nahrung als Austern und von der See ausgeworfene Schaalthiere. Nach vielen überstandenen Mühseligkeiten kam er endlich nach Sunbury, der zweyten georgischen Stadt, und eroberte sie ohne Schwierigkeiten. Eine andere englische Armee ward unterdessen von Neujork aus eben dahin abgeschickt, die auch vor Ende des Jahrs, ob sie gleich nur aus acht schwachen Bataillons bestand, und eine besondere Provinzialarmee die Provinz gegen selbige vertheidigte, glücklich landete, die Americaner, unter ihrem General Howe bis nach Südcarolina verjagte, und Savannah, die Hauptstadt, ohne Widerstand eroberte, so daß in den ersten Monaten des Jahrs 1779 die ganze Provinz in den Händen der Engländer war. Von dieser Zeit an, bis auf Cornwallis Gefangennehmung in Virginien, breiteten sich die brittischen Waffen bis in Virginien aus, allein ihre Armeen konnten, wegen ihrer geringen Anzahl, von den gemachten Eroberungen selten mehr als einzelne Posten behaupten, und die Einwohner griffen sogleich wieder zu den Waffen, sobald die Armee des Congresses sich ihren Wohnungen näherte, und die Engländer entweder zu schwach oder zu entfernt waren, ihre wenigen Freunde zu beschützen. In den nördlichen Provinzen blieb, nachdem sie Rhodeisland verlassen hatten, Neujork, nebst der langen Insel, ihr Hauptposten, und die canadische Armee wagte, nach Bourgoynes Gefangennehmung, nur dann und wann eine Streiferey ins Gebiet von Vermont, und längs den Seen, ohne jedoch die Einwohner weder mit England auszusöhnen noch ihre Eroberungen behaupten zu können. Doch erlitt in der Mitte des Jahrs 1779 eine in Boston, zur Wiedereroberung der Bay Penobscot, ausgerüstete Flotte der Americaner eine totale Niederlage, nach welcher der Congreß so wenig als einzelne Provinzen anderweitige Seeunternehmungen wagten.

Der Hafen Penobscot, in den nördlichsten zu Massachusetsbay gehörenden Gegenden, ist einer der besten, und mit allem zum Schiffbau nöthigen Holz überflüßig versehen. Weil unter den Einwohnern viel Loyalisten, oder Misvergnügte über die Regierung von Massachusetsbay, waren, so hatte ein Theil der Besatzung von Halifax von demselben Besitz genommen. Neuhampshire und Massachusetsbay wurden dadurch einem neuen Angriff ausgesetzt, wovon die Capitulation von Saratoga sie kaum befreyet hatte. In Boston wurden daher große Zurüstungen gemacht, die Engländer aus diesem Hafen zu vertreiben, ehe sie sich befestigten, oder von Neujork oder Halifax Unterstützung erhielten, und eine Flotte von eilf armirten Schiffen, welche von 18 bis 32 Kanonen führten und einige tausend Mann am Bord hatten, gieng im Sommer dahin ab. Zum Glück aber kam der Admiral Gambier, von Neujork aus, dem schwachen Detaschement zu Hülfe, das sich aus den halb vollendeten Werken tapfer gegen die Americaner vertheidigte. Worauf die feindliche Flotte sogleich die Belagerung aufhob und in dem Penobscotfluß Sicherheit gegen die englischen Schiffe suchte, allein sie ward so eiligst verfolgt, daß kein einziges Fahrzeug, Kriegs-

schiff

schiff so wenig als Transportschiff, entkam, überhaupt 37 Schiffe verbrannt oder in den Grund gebohrt wurden, und die darauf eingeschifft gewesenen americanischen Landtruppen, nebst dem Seevolk, zu Lande durch die Waldungen den Rückweg nach Boston suchen mußten. Doch gab dieser Sieg und der Besitz von Penobscot den Britten so wenig, als eine Landung, die sie nachher auf den virginischen Küsten versuchten, die Ueberlegenheit in dem americanischen Kriege wieder, welche sie seit dem Verlust ihrer canadischen Armee, und der zwischen dem Congreß und dem Pariser Hofe geschlossenen Allianz, verloren hatten. Auf dieser virginischen Expedition im May 1779 unter dem General Matthew eroberten sie zwar sehr viel americanische Schiffe, zerstörten einige wichtige Magazine, und den damals wieder auflebenden Tobackshandel dieser Provinz, allein sie konnten hier weder Posto fassen, noch eine Diversion zum Vortheil ihrer südlichen Armee machen, die Georgien erobert hatte, und von dorther bald ein allgemeines Schrecken über die südlichen Provinzen verbreitete.

Der General Prevost, der diese Armee anführte, wagte damals, ihrer geringen Anzahl ungeachtet, einen Angriff auf Südcarolina, und sogar auf Charlestown, welches Lincoln mit einer starken Armee vertheidigte. Allein diese Unternehmung war für die kleine englische Armee zu groß, und Prevost mußte seine Eroberungen bis auf Savannah, und die carolinische Insel Port-Royal wieder verlassen. Er schlug zwar einen Theil von Lincolns Armee an den Grenzen von Südcarolina, allein Verstärkungen aus dieser Provinz ersetzten den Verlust zu bald, und sie blieb der englischen immer überlegen. Auch die Loyalisten in Nordcarolina, die 700 Mann stark zu Unterstützung der Engländer die Waffen ergriffen, hatten kein besser Glück, als bey Clintons erstem Angriff auf Charlestown, und wurden zerstreut. Endlich fehlte es der südlichen Armee an schwerem

Geschütz, diese Stadt zu beschießen, deren Einwohner ohne die Besatzung gewiß viermal stärker als Prevosts Armee waren. Hätte aber Prevost der Stadt und der ganzen Provinz Südcarolina die Neutralität bewilligen können, die beyde von ihm bis zu Ende des Krieges verlangten, oder hätte England erwarten können, daß die Einwohner die Neutralität halten würden, so wäre diese Unternehmung gewiß von wichtigern Folgen gewesen.

Der Congreß suchte dagegen die Engländer aus den südlichen Provinzen zu vertreiben, und es wurden in beyden Carolinen nach Prevosts Rückzug große Zurüstungen gemacht, Georgien wieder zu erobern. Unterdessen daß d'Estaings Flotte, die 5000 Mann französischer Truppen an Bord hatte, sich den Küsten dieser Provinz von Westindien näherte, rückte Lincoln mit 3000 Americanern zu Lande gegen Savannah, dem englischen Hauptposten, vor. Die Franzosen landeten auch ungehindert in Georgien, und Savannah ward erst von beyden Armeen ordentlich belägert, und hernach bestürmt. Allein Prevost trieb den dreymal überlegenen Feind zurück; d'Estaing verließ, nachdem er 1500 Mann seiner besten Truppen bey dieser Unternehmung verloren hatte, die Küsten des neuen Freystaats, und segelte mit seiner von Feinden und Stürmen übel zugerichteten Flotte wieder nach Europa.

Der Abzug der französischen Auxiliarflotte nach Europa, und das Glück, das bisher die kleine südliche Armee in ihren Unternehmungen gehabt hatte, bewog den brittischen Befehlshaber, einen Theil seiner Armee, der in Newjork, seit der Räumung von Philadelphia, bloß diesen Ort und die lange Insel besetzt hielt, zur Unterstützung der südlichen anzuwenden. Nachdem Clinton die Besatzung von Rhodeisland an sich gezogen, und dadurch diesen Hafen und alle Unternehmungen auf Neuengland aufgab, segelte er mit einer ansehnlichen

lichen Macht nach Südcarolina, so daß nur etwa 6000 Mann zur Beschützung von Neujork zurückgelassen wurden. Er langte hier im Febr. 1780 an, und richtete seinen Angriff sogleich auf Charlestown, das aber eine zahlreiche Garnison vertheidigte, und mit allem wohl versehen war, Daher zog sich die Belagerung in die Länge, und Clinton war gezwungen, noch mehr Mannschaft von Neujork kommen zu lassen. Den eilften May ergab sich endlich Charlestown; die Besatzung von 5611 Mann ward zu Kriegsgefangenen gemacht; die Engländer eroberten über vierhundert Kanonen, nebst einem ungeheuren Kriegsvorrath; auch fielen ihnen verschiedene americanische und französische Fregatten und andere Schiffe in die Hände. Weil Clinton einen Angriff von Washingtons Armee auf Neujork befürchtete, und nach der Eroberung von Charlestown, die Einwohner dieser Provinz sich den Engländern zahlreich unterwarfen, so gieng er mit dem größten Theil der Truppen zurück, ließ aber den General Cornwallis mit etwa 6000 Mann in Carolina, die angefangene Eroberung der südlichen Provinzen zu vollenden. Diese Armee war vielleicht stark genug Südcarolina zu vertheidigen, dessen Einwohner theils unterworfen, theils zur Beschützung der Provinz bewaffnet waren, allein bey weitem nicht so zahlreich Nordcarolina zu erobern. Cornwallis errichtete zwar aus den angesessenen Einwohnern eine Miliz, die bloß dienen durfte, wenn Carolina etwa feindlich angegriffen wurde, die andern aber, die theils schon unter Lincolns Armee gedient hatten und nicht angesessen waren, mußten, in regulaire Regimenter vertheilt, die Hauptarmee verstärken. Sie sollten nicht länger als sechs Monate dienen, auch nicht außerhalb den Grenzen von Nord- und Südcarolina gebraucht werden. Auf diese Weise glaubte er seine Eroberungen am besten vertheidigen zu können, ohne daß er nöthig hätte, seine Hauptarmee, durch Besatzungen in den eroberten Provinzen oder Communicationsposten zu schwächen. Allein die königliche Parthey war weder in Süd- noch Nordcarolina so zahlreich, daß Cornwallis den Einwohnern die Vertheidigung beyder Provinzen überlassen konnte, vielmehr waren diejenigen welche man zu diesem Endzweck bewaffnet hatte, die ersten, welche ihn regimenterweise verließen, sobald sich die Armee des Congresses unter dem General Gates auf den Grenzen zeigte: andere gaben lieber ihre Wohnungen auf, als unter britrischer Herrschaft zu leben, und die ganze Provinz, ward, sobald Cornwallis weiter fortrückte, ein weiter Schauplatz des grausamsten Bürgerkrieges, in welchem sich die Loyalisten und die americanischen Patrioten mit der äußersten Wuth verfolgten. Cornwallis ließ daher Lord Rawdon zur Vertheidigung von Georgien und Südcarolina zurück, und gieng selbst mit etwa viertausend Mann dem americanischen General Gates, Bourgoynes Ueberwinder, entgegen. Er hatte zwar das Glück, selbigen bey Camden, etwa 30 deutsche Meilen von Charlestown, zu schlagen, und seine Armee zu zerstreuen, allein dieser Sieg und verschiedene andere, welche er nach der Bataille von Camden über die Feinde erhielt, waren eher für die Besiegten, als für die Ueberwinder, vortheilhaft. Ein jedes Gefecht schwächte seine kleine Armee, und oft mußte er seine Verwundeten, wegen der übeln Wege und Mangel an Fuhrwerk, zurück lassen, und den Gefangenen Freyheit geben, sobald sie der Krone England treu und hold zu bleiben versprachen. Er hatte außerdem bey seinem Verdringen in Nordcarolina mit gleichen Hindernissen als Bourgoyne auf seiner canadischen Expedition zu kämpfen. Das Land, welches er durchzog, war theils Wildniß, theils von den Einwohnern verwüstet, damit die Engländer nichts finden möchten, ihren Zug fortzusetzen. Eine zahlreiche Armee war ihm überall zur Seite, und so oft er auch Vortheile über sie erhielt, ward seine ge-

fähr-

fährliche Lage nichts gebessert. Bey allen diesen Schwierigkeiten, welche schlechte Wege, eine Menge Flüsse, die er zu paßiren hatte, die heiße Jahrszeit noch vermehrten, mußte er seine Armee, die zuletzt bis auf 1723 Mann geschmolzen war, seinen Marsch zu erleichtern, in verschiedene Corps theilen. Zuletzt, wie gar die Einwohner von Südcarolina, des geleisteten Huldigungseides ungeachtet, zu den Waffen griffen, und er dahin weder zurück kehren, noch von dorther Unterstützung hoffen konnte, wurden seine leichten Vortruppen von den Americanern aufs Haupt geschlagen, und er mußte sich seitwärts mit Hinterlassung alles Gepäckes nach Wilmington ziehen, um vielleicht von hier den verfolgenden Feinden nach Charlestown zu entkommen. Dabey war der Mangel bey seiner Armee in diesem verheerten Lande so groß, daß die Truppen bisweilen in zwey Tagen kein Brod hatten. In dieser Lage, da es ihm seiner eigenen Aussage nach an allem fehlte, wäre er es vielleicht seiner Selbsterhaltung schuldig gewesen, von Wilmington nach Charlestown zu segeln. Aber hier mußte er erst auf Transportschiffe warten. Sein Rückzug würde alle bisherigen Vortheile der ganzen südlichen Unternehmung vernichtet haben, und da noch ein zwar äußerst misliches Rettungsmittel übrig war, wählte er dieses, nämlich von Wilmington, mitten durch Nordcarolina, nach Virginien zu eilen. In dieser Provinz war eben damals ein von Neuyork detaschirtes Korps Engländer gelandet, das zwar dem Handel, und den an der Chesapeakbay, wohnenden Einwohnern großen Schaden zufügte, wegen der Entfernung aber von dem Kriegsschauplatz, der südlichen Armee keine wesentliche Hülfe leisten konnte. Cornwallis wagte es, sich mit diesen Truppen zu vereinigen, und kam, nach einem Marsch von dreyßig Tagen, im Anfange des May in Petersburg, ihrem Hauptquartiere, an. Seine Armee wuchs durch diese Vereinigung und andere

Verstärkungen bis auf 8000 Mann, und war nunmehr im Stande etwas Wichtiges zu unternehmen. Allein die Beschaffenheit des Landes die verschiedenen Meynungen der Befehlshaber über die Wahl eines Hauptpostens, und die Macht, die sich nun in Virginien von Norden und Süden her vereinigte, zwangen ihn bald, sich bloß auf die Vertheidigung von Yorktown und Glocester, zwischen dem York- und Jamesfluß, einzuschränken.

Lange vor seiner Ankunft war schon zwischen dem französischen Hofe und dem Congreß der Operationsplan gemacht, mit vereinigten Kräften Neujork anzugreifen. Eine französische Flotte hatte daher im Julius 6000 Mann in Rhodeisland gelandet, und Besitz von diesem wichtigen Hafen genommen, dessen Vertheidigung der Congreß dem Befehlshaber dieser Truppen, dem Grafen Rochambeau, übergab. Washingtons Armee war ungeachtet der Truppen, welche er zu Beschützung der südlichen Provinzen absenden müssen, bis auf 20,000 Mann verstärkt, und eine andere zahlreiche französische Hülfsflotte ward aus Europa erwartet. In Neujork war damals alles in Furcht, und weil Washingtons Armee nebst den französischen Hülfsvölkern, unter Rochambeau, den Ort enger einschlossen, auch wirklich Anstalten zum Angriff machten, so zog Clinton einen Theil der virginischen Truppen an sich, wodurch aber Cornwallis so sehr geschwächt ward, daß er nicht einmal vertheidigungsweise gehen konnte. Wie nachher die französische Flotte in America ankam, und bald darauf acht und zwanzig Linienschiffe stark, die Chesapeakbay besetzt hatte, und Cornwallis sich weder zu Wasser noch zu Lande aus Jorktown wagen konnte, verlangte er von ihm, mit allen seinen Truppen zur Vertheidigung von Neujork herbey zu eilen. Clinton, überzeugt, daß die vereinigte Macht der Alliirten gegen Neujork, und nicht gegen die virginische Armee, gerichtet war, ließ die Franzosen von Rhodeisland,

nebst

nebst Washingtons Armee, ungehindert durch Neujork und Neujersey über den Delawar gehen, und 3000 Mann, die Washington zurück ließ, waren im Stande ihn mit seiner damals 20,000 Mann starken Armee einzuschließen. Cornwallis war dagen in der augenscheinlichsten Gefahr, und ohne Hofnung Hülfe zu erhalten. Die französische Flotte war Meister von der Chesapeakbay, ein Corps Americaner und Franzosen hatte ihn von der Landseite umzingelt, und Washington und Rochambeau eilten mit dem Kern ihrer Truppen von Pensilvanien her, ihn zur Uebergabe zu zwingen. Er konnte sich aber nicht lange gegen einen so überlegenen Feind vertheidigen, dessen Landarmee 20,000 Mann stark, und mit allem was eine Belagerung erforderte, versehen war. Sein Posten auf der virginischen Küste war, nach dem Urtheile der Kriegsverständigen, keinesweges haltbar, und noch weniger gegen eine solche vereinigte Land- und Seemacht, als ihn damals einschloß. Er war weder mit Artillerie, noch Ammunition versehen, eine Belagerung auszuhalten, und eine englische Flotte, die ihn unterstützen wollte, mußte vor der Französischen weichen. Dennoch ließ er es bis aufs äußerste kommen, und ergab sich den 19 Oct. erst zu Kriegsgefangenen, nachdem er seinen ganzen Pulvervorrath verschossen hatte. Clinton schiffte sich zwar auf die Nachricht von Cornwallis Gefahr zu seiner Rettung ein, allein wie er die virginischen Küsten erreichte, war die Capitulation bereits unterzeichnet, und Cornwallis nebst 7000 Land- und 1500 Seetruppen von den Americanern gefangen, daher er wieder unverrichteter Sachen zurück gieng.

So verlor England die zweyte Armee, die einen Theil von America unterwerfen sollte, und auf ihrem außerordentlichen Zuge mitten durch die täglich wachsenden Feinde, und an allem Mangel leidend, Wunder der Tapferkeit bewiesen hatte. Wäre sie nicht so weit vorgedrungen, und

zu

zu rechter Zeit von Neujork aus unterstützt worden, oder nur die englische Flotte im Stande gewesen, ihre ehemalige Ueberlegenheit gegen die französische in dem americanischen Gewässer zu behaupten, so möchte vielleicht der Krieg von dieser Seite nicht so schnell zum Vortheil der dreyzehn vereinigten Staaten entschieden seyn.

Allein nach der Niederlage bey Yorktown war Nordamerica für England unwiederbringlich verloren. Wenn Bourgoynes Gefangennehmung den Engländern die großen Schwierigkeiten zeigte, mit Aufopferung aller ihrer Kräfte America wieder zu erobern, so mußten sie, beym Verlust der zweyten Armee, ganz diesem Gedanken entsagen, um so mehr, da sie noch mit Frankreich und Spanien außer America zu streiten hatten. Von dieser Zeit war England nicht mehr im Stande, dort mit Armeen angriffsweise zu agiren; der Plan, die südlichen Provinzen zu bezwingen, ward ganz beyseite gelegt; die Feindseligkeiten zwischen beyden Theilen schränkten sich auf bloße Kapereyen, Scharmützel und Streifereyen ein und von allen bisherigen Eroberungen blieben nur Savannah, Charlestown und Neujork mit englischen Truppen besetzt.

Um den Zusammenhang der Kriegsbegebenheiten in den südlichen Provinzen nicht durch andere gleichzeitige Vorfälle zu unterbrechen, sind diese, und wodurch sich sonst das Jahr 1781 in der Geschichte des nordamericanischen Krieges auszeichnet, bis hieher verspart worden. Die Hauptarmee in Neujork konnte wegen der von hier aus verstärkten südlichen Armee, und der kleinen Detaschements, die Clinton nach Connecticut, Neujersey und Virginien, einige Magazine zu zerstören, oder den Handel einzelner Plätze zu verderben, aussandte, und dadurch sich mehr als die Kolonien schwächte, keine Unternehmung von Wichtigkeit wagen, ohne Neujork der größten Gefahr auszusetzen. Der Congreß kämpfte mit dem allgemeinen Misvergnügen über

die

die Dauer des Krieges, mit dem immer wachsenden Geldmangel, und den daraus fließenden unendlichen Schwierigkeiten, den Krieg auch nur vertheidigungsweise zu führen. Daher in diesem Jahre nicht nur heftige Gährungen in den vereinigten Staaten ausbrachen, davon Entfernung und die Verschwiegenheit der Theilnehmer für uns die genauern Nebenumstände verhüllen, ja sogar unter der Armee breiteten sich diese Unruhen aus, und die große Noth erzeugte hier gefährlichere Auftritte, Meuterey und Verschwörungen, davon aber die Engländer keinesweges den erwarteten Nutzen zogen. America, das vor dem Kriege schon geldarm war, gerieth durch denselben, und den gänzlichen Verfall seines Handels, in noch größere Dürftigkeit Die Zurüstungen gegen England überstiegen die Kräfte eines anfangenden noch nicht eingerichteten Staats ungemein, daher auch gleich in den ersten Jahren des Kriegs die Zerrüttung in ihren Finanzen außerordentlich groß war. Das Papiergeld, womit die unvermeidlichen Kriegskosten bestritten werden mußten, hatte allen Werth verloren, und Anleihen und Steuern waren die einzigen Mittel, den Krieg fortzusetzen. Allein der Credit des Congresses war so schwach, daß außer Frankreich nur geringe Summen von Ausländern erborgt werden konnten, und die Kriegssteuern fanden in den verschiedenen Provinzen so viel Widersprüche, und wurden so unordentlich bezahlt, daß sie nie zu den nothwendigsten Ausgaben hinreichten. Nach den gemachten Einrichtungen, sollten die Kriegssteuern in den letzten Jahren acht Millionen Species-Reichsthaler zusammen bringen, und manche Provinzen dazu über eine Million beytragen, allein der Schatzmeister empfieng nur den zwanzigsten Theil dieser Summe, und die Truppen konnten nicht montirt werden, die Magazine blieben unangefüllt, und nicht einmal den gehörigen Sold konnten die Truppen erhalten. Da sie auf diese Art oft

barfuß

barfuß einhergiengen, und ohne Sold und Kleidung über ihre Dienstzeit bey der Armee bleiben mußten, weil die Recrutirungen unter diesen Umständen nur langsam von Statten giengen, und einige Provinzen sogar ihre Contingenter nicht stellen wollten, verließen sie haufenweise ihre Fahnen, oder schlugen sich zusammen, ihre Rückstände mit Gewalt zu erlangen. Ein solcher Vorfall ereignete sich zu Anfange des Jahres 1781, da die pensilvanischen Truppen, 1300 Mann stark, auf einmal das Lager verließen, gegen ihre Officiere, die sie beruhigen wollten, die Waffen ergriffen, und Sold, Montirung und Proviant forderten. Sie marschirten mit Artillerie, zu ihrer Vertheidigung versehen, einige Meilen vom Hauptquartier, und wählten sich einen englischen Deserteur, der bey ihnen als Feldwebel diente, zum Anführer. Nicht nur der Congreß, sondern auch die Engländer in Neujork traten mit ihnen in Unterhandlung, und letztere boten ihnen die vortheilhaftesten Bedingungen an. Sie versprachen ihnen ihren rückständigen Sold, selbst wenn sie auch nicht in englische Dienste treten wollten. Allein sie waren nicht gesinnt gegen ihr Vaterland zu fechten, und wie ihnen der Congreß ihre Forderungen bewilligte, und alle, deren Dienstzeit verflossen war, entlassen wurden, kehrten sie wieder zur Hauptarmee zurück.

Einen frühern für Washingtons Armee gefährlichern Anschlag konnten die Engländer eben so wenig nutzen, weil er zufällig vor der Ausführung entdeckt ward. Arnold, der sich durch den berühmten Wintermarsch nach Quebec, und die tapfere Vertheidigung der canadischen Seen, unter den Helden, die für die Freyheit von Nordamerica stritten, vortheilhaft ausgezeichnet hatte, glaubte damals vom Congreß und besonders vom pensilvanischen Staat beleidigt zu seyn. Er war in Philadelphia, nachdem die Engländer diesen Ort verlassen hatten, Befehlshaber gewesen, hier aber wegen Erpressungen und Verschwendung öffentlicher Gelder in Untersuchung gerathen, die dennoch für ihn keine weitere Folge als einen Verweis vom General Washington hatte. Er blieb auch in Diensten des Congresses, und commandirte 1780 den einen Flügel der Hauptarmee, die bey Westpoint in den Gebirgen an beyden Seiten des Hudsonsflusses cantonnirte. Misvergnügt über die erlittene Behandlung, und daß man seine Verdienste so bald vergessen hatte, trat er damals mit dem General Clinton in Unterhandlung, den Engländern diesen Hauptposten, und seine unterhabende Armee in die Hände zu spielen. Dieß war für England eine Sache von der äußersten Wichtigkeit, die bey dem glücklichen Fortgang ihrer Waffen in den südlichen Provinzen ihnen alle in diesem Kriege bisher erlittenen Unfälle vortheilhaft ersetzen konnte. Sie erlangten, wenn sich Arnold von ihnen überfallen ließ, den Hauptposten in den Gebirgen von Neujork, aus dem es ihnen nicht möglich gewesen wäre, den General Washington zu vertreiben, und konnten von hier aus leichter, als aus Neujork, sich über Neujersey, Connecticut und die nördlichen Districte von Neujork ausbreiten, zu deren Bezwingung Bourgoynes Armee 1777 bestimmt war. Ein Theil der americanischen Armee ward unfehlbar gefangen, der andere aber, den sie, nach diesem glücklichen Ueberfall, zu Wasser und zu Lande angreifen konnten, hatte entweder gleiches Schicksal, oder ward von ihnen so zerstreuet, daß er sie, nach Verlust der Magazine, Bagage und Artillerie, nicht so leicht in ihrem Siege aufhalten konnte. Diesen Plan wollte Arnold, während daß Washington damals von der Armee abwesend war, ausführen. Um aber alles gehörig abzureden, und die ganze Unterhandlung zu vollenden, ward Clintons Generaladjutant, der Major Andre', ein versuchter englischer Officier, ins americanische Lager abgeschickt. Beyde hatten vorher schon unter dem angenommenen nenen Namen Anderson und Gustavus über die Sache Briefe gewechselt. Andre' landete des Nachts in Neujersey bey den americanischen Vorposten, wo Arnold seiner wartete, und ihn mit in sein Zelt nahm. Hier blieb er die ganze Nacht und den folgenden Tag. Aber seine Zurückkehr nach Neujork konnte er nicht wieder auf die erste Art antreten, sondern Andre' mußte verkleidet einen ihm vorgeschriebenen Umweg nehmen, und er veränderte Namen und Kleidung, seinem Vaterlande einen Dienst von solcher Wichtigkeit zu leisten. Unter dem Namen Anderson kam er, mit Arnolds Paß versehen, ungehindert aus dem Lager und durch alle americanische Posten. Unglücklicherweise aber traf es sich, daß er bey einem kleinen Ort, Namens Tarrytown, auf drey Soldaten von der Landmiliz stieß, die ihn auch anfangs auf Vorzeigung seines Passes weiter gehen ließen. Allein einer von ihnen bemerkte bey diesem Fremden etwas Verdächtiges, so daß er ihm auf dem Fuße folgte, und ihn genauer examinirte. Der verkleidete Anderson kam hierdurch ganz außer Fassung, und verrieth dadurch die Absicht seiner Reise. Die Soldaten wurden in ihren Muthmaßungen bestärkt, wie er von ihnen die Freyheit, seine Reise fortzusetzen, durch seine goldene Uhr und eine reiche Geldbörse erkaufen wollte, und nachher die größten Versprechungen hinzufügte, wenn sie ihn nach Neujork führen wollten. Er ward hierauf von ihnen ins Hauptqartier zurück gebracht, wo man bey genauerer Untersuchung fand, daß er Major in englischen Diensten war, und die genauesten Nachrichten, von Arnold selbst geschrieben, von dem Lager bey Westpoint, der Stärke, und Stellung der Truppen, und überhaupt die detaillirtesten Papiere über Washingtons Armee hatte. Arnold erfuhr noch zu rechter Zeit den übeln Erfolg seiner Unterhandlungen, und entkam glücklich den Hudsonsfluß hinunter nach Neujork. Andre' aber ward, der Vorstellungen der brittischen

Gene=

Generalität und aller Bemühungen ihn zu retten ungeachtet, und ob er gleich nur unter dem Schutz eines americanischen Generals sich hatte auf feinlichem Gebiete betreten lassen, als ein feindlicher Spion mit dem Strange hingerichtet, erlangte aber dagegen in der Westmünsterabtey, dem Ort, wo Könige und die verdientesten Britten beysammen ruhen, ein Monument, das ihm Georg der dritte setzen ließ.

Vergebens hatte Großbrittannien nun schon sieben Jahre lang Gewalt und List vereinigt, America zu unterwerfen, als Cornwallis Gefangennehmung nicht nur die Oppositionsparthey, sondern auch größtentheils die ganze Nation zum einmüthigen Entschluß brachte, dem so verderblichen Kriege mit America ein Ende zu machen, und dagegen alle Kräfte gegen die bourbonischen Häuser zu vereinigen. Die Stimme der Misvergnügten über den nordamericanischen Krieg, welche während desselben immer gegen die Minister gewesen war, ward täglich lauter, da jede Nachricht aus America entweder Niederlagen ankündigte, oder die Unmöglichkeit bewies, America zu bezwingen, und die außerordentlichen Kriegskosten die Nation jährlich mit neuen Schulden und Abgaben beschwerten. Die vornehmsten Glieder der Oppositionsparthey brachten daher zu Anfange des Jahrs 1782 in Vorschlag, mit dem Congreß Frieden zu schließen, und die Truppen aus America zu ziehen, welches im Unterhause durchgieng. Die herrschende Parthey verlor dadurch die Majorität, und weil bald hernach diejenigen, welche immer diesen Krieg als schädlich geschildert hatten, oder Rockinghams Parthey, das Staatsruder erhielten, so ward dieß Geschäft auch von ihnen mit allem Ernst getrieben. Der Krieg ward bloß auf die Vertheidigung von Neujork eingeschränkt, Savannah und Charlestown wurden verlassen, und den Americanern die Independenz noch vor dem Anfang der Unterhandlungen angeboten. Allein das Friedensgeschäft verzögerte sich, weil zugleich mit den andern Mächten ähnliche Unterhandlungen in Paris angefangen wurden, und die Bestimmung der Grenzen in Nordamerica viele Schwierigkeiten machte. Endlich kam es den 20. Jan. 1783 zu Stande. Großbritannien erkannte in diesem nachtheiligen Frieden die Unabhängigkeit der dreyzehn Kolonien, und versprach, was es damals in ihrem Gebiet besaß, zu räumen. Sie erhielten den besten Theil von Canada, bis an den Mißisippifluß, einen Strich Landes von 18000 Quadratmeilen, der oben (S. 4) näher beschrieben worden, und sie konnten, wie vorher, an den Fischereyen bey Neufoundland und in der Lorenzbay Theil nehmen. Die unglücklichen Loyalisten, die Gut und Blut für England aufgeopfert hatten, wurden der Gnade des Congresses empfohlen, ihre verlornen Güter wieder zu erhalten. Allein der unversöhnliche Partheygeist hat sie, des Friedens ungeachtet, aus den meisten Provinzen verbannt; in Neujersey wurden viele die nach dem wiederhergestellten Frieden zurück kehren wollten, mit abgeschnittenen Nasen und Ohren nach Neujork zurück gesandt. In andern Provinzen, ward ihnen, als Staatsverräthern, bey Lebensstrafe die Rückkehr untersagt. Nordcarolina allein ist gütiger gegen sie gewesen, und hat seine mehresten englisch gesinnten Einwohner aus der Verbannung, worin sie während des Kriegs leben mußten, zurück gerufen. Daher die Loyalisten anderer Provinzen entweder nach Ostflorida und Jamaica flüchten, oder ihre alten Wohnungen mit Neuschottlands kalten Wildnissen vertauschen mußten, wo sie am Meerbusen Fundy in der Nachbarschaft von Lüneburg eine neue Stadt gegründet, und durch ihren Namen Shelburn den brittischen Minister, der sie im Frieden aufopferte, verewigt haben.

So endigte der Pariser Friede den achtjährigen Kampf zwischen Großbritannien und Nordamerica, über Freyheit und Unterwürfigkeit.

Oft

Oft war die neue Republik, bey der überlegenen Macht ihrer Gegner, in der äußersten Gefahr, ihre kaum erlangte Unabhängigkeit zu verlieren, und in eine härtere Unterwürfigkeit als vor diesem Kriege zu fallen. Allein die Beharrlichkeit ihrer Führer, alles für die Sache der Freyheit zu wagen, der Eifer, mit dem so viele an Sprache, Sitten und Glaubenslehren verschiedene Einwohner den angefangenen Streit fortsetzten, Frankreichs Beystand, und Großbritanniens zu stolzes Vertrauen auf seine Macht und unerschöpfliche Hülfsmittel den Krieg fortzusetzen, retteten America wunderbarer Weise aus den größten Verlegenheiten, und befestigten seine Freyheit schneller und mit geringerm Aufwand von Kräften, als nach der Wichtigkeit des Gegenstandes zu vermuthen war. Die gewöhnlichen Verwüstungen des Kriegs, und die Wuth, womit derselbe in Neujersey und Südcarolina geführt wurde, haben freylich einen Theil dieser Provinzen verheert, ihren Wohlstand erschüttert, und angebaute bevölkerte Gegenden wieder in ursprüngliche Wildheit versetzt. Noch mehr haben alle dreyzehn Provinzen an ihrer ohnehin schwachen Bevölkerung verloren. Der Congreß schätzt zwar nur die Zahl der in dem Krieg umgekommenen Vertheidiger des Vaterlandes auf 80,000 Mann, aber wie viele sind nicht außerdem durch Seuchen, Mangel und andere Folgen des Kriegs umgekommen! Wie viele fleißige, vermögende Einwohner hat America, durch die noch fordauernde Erbitterung gegen die Loyalisten, eingebüßt, deren gewiß eben so viel und noch mehr, als der Krieg aufgerieben hat, in den brittischen Nebenländern zerstreut leben! Auch hat der Krieg eine andere beschwerliche Bürde, Staatsschulden von vielen Millionen, hinterlassen, zwey und siebenzig Millionen Reichsthaler Papiergeld, und sieben und funfzig Millionen Anleihen, deren Wiederbezahlung nebst den neuen Steuern, die dazu unumgänglich nöthig sind, den Einwohnern ihre neue Lage zuweilen verbittern

 werden,

werden. Dagegen aber hat America sich von einer fremden Oberherrschaft gerettet, seinen Einwohnern das unschätzbare Glück der bürgerlichen Freyheit verschafft, und diese gegen alle Angriffe durch weise Gesetze so gesichert, daß sich America in Vergleich anderer Freystaaten der uneingeschränktesten Freyheit rühmen kann.

Staatswahrsager haben zwar bereits Großbritanniens Verlust durch die Freywerdung von America erwogen, und die Folgen dieser wichtigsten Begebenheit unserer Zeiten für Europens Wohl und Weh untersucht. Doch, ohne hier alles zu wiederholen, was über diesen Gegenstand gesagt worden und gesagt werden kann, oder uns in eine Widerlegung dieser politischen Betrachtungen einzulassen, werden meine Leser vielleicht hier etwas Aehnliches erwarten, daß ich aber wegen Mangel des Raums bloß auf eine kurze Beantwortung der Fragen einschränken muß: **was hat America durch die erlangte Independenz gewonnen, und, was kann sie für Europa für wahrscheinliche Folgen haben?**

America hat seine Freyheit, und einen Rang unter den unabhängigen Staaten, unter günstigern Umständen als andere Länder in einer ähnlichen Lage erlangt. Daher wird mit der Zeit diese Republik bald über ihre Schwestern glänzen und Jahrhunderte werden kaum hinreichend seyn, ihre wachsende Größe zu begränzen. America ist jetzt bey weitem noch nicht halb angebauet, enthält aber gewaltige Strecken des fruchtbarsten Bodens, dessen Anbau durch Regierung, Lage und Clima erleichtert wird. America hat vielen Platz für künftige Millionen, die sich hier von eigenen Feldern und mit geringerer Anstrengung, als gewöhnlich in Europa nöthig ist, nähren können. America wird also jährlich an Einwohnern zunehmen, und bloß durch diese sich noch lange ungekünstelt vermehrende Bevölkerung fortwachsen, und seine künftige Größe ist auf dauerhafterm Grunde erbauet, als andere Freystaaten, die dem Handel größtentheils ihr Daseyn verdanken. America hat eine größere Freyheit erlangt, als es vor dem Kriege genoß. In den verschiedenen Provinzen, die ihre Regierungsform seit der Independenz-Erklärung verändert haben, hat man die größte Sorgfalt angewandt, ihre demokratische Verfassung so umzuformen, daß sie weder in Aristokratie noch Monarchie ausarten kann. Der Unterschied der Stände ist hier ganz aufgehoben; keine Classe von Bürgern hat vor andern erbliche Ansprüche auf Rang, Würden und Aemter, und jeder Einwohner von Einsicht, Kenntnissen und Thätigkeit kann auf die Stelle eines Gliedes der Regierung, eines Deputirten im Congreß, oder dessen Präsidenten Anspruch machen. Die Religionsunterschiede, welche in Europa so viel tüchtige Bürger von Aemtern und Würden entfernen, weil sie sich nicht zur herrschenden Religionsparthey bekennen, sind in den meisten Provinzen bereits aufgehoben. In Neujersey und Carolina verstattet zwar selbst noch die neue Regierungsform den Protestanten Vorzüge vor andern Christen, dagegen aber haben andere den Begriff einer herrschenden Religion ganz und gar verworfen, alle Bekenner eines wahren Gottes, alle Christen ohne Unterschied der höchsten Ehrenämter fähig erklärt, oder in ihren neuen Regimentsordnungen die Frage über die Religion der Staatsbedienten unentschieden gelassen. Der Friede giebt den jetzigen und künftigen Einwohnern der dreyzehn Provinzen gegründete Hoffnung, hier leichter, gemächlicher und reichlicher als irgendwo in Europa ihren Unterhalt zu finden, und in Ruhe und Frieden ungestört der Früchte ihres Fleißes zu genießen. Sobald das Band, daß jetzt die dreyzehn Staaten zwar vereinigt, allein noch nicht genau genug bindet, fester geknüpft seyn wird, ein Geschäft, das der Congreß gewiß nicht länger aufschieben wird, wird diese erneuerte Union unter ihnen künftige Kriege und Zwistigkeiten in der Geburt ersticken. Ein großer Schritt zur Erhaltung dieser allgemeinen Ruhe in America ist schon durch die genauere Bestimmung der Grenzen gemacht, wegen welcher wirklich während des geendigten Krieges Feindseligkeiten zwischen einigen Provinzen, unter andern zwischen Pensilvanien und Connecticut, ausbrachen. Daher die Staaten Virginien und Nordcarolina, bey der letzten Veränderung ihrer alten Regierungsform, ausdrücklich allen Ansprüchen entsagten, die sie, nach ihren Stiftungsbriefen, auf die Länder ihrer Nachbarn machen konnten. Gegen die Angriffe ihrer europäischen Nachbarn, Spanien und Großbritannien, sind ihre Grenzen durch eine zahlreiche Landmacht, und die Einrichtung, daß jeder freye Einwohner bey allgemeiner Gefahr zur Beschützung des Vaterlandes herbey eilen muß, genugsam beschützt, und da ihre Lage und Verfassung sie nicht leicht in die Händel der Europäer verwickeln kann, so haben die Einwohner eben keinen Feind zu fürchten, der ihre Wohnungen, und was ihr Fleiß für eine zahlreiche Nachkommenschaft der Wildniß entriß, zerstören möchte. Der vornehmste Theil ihrer Beschäftigungen wird bey dem Umfange ihres Vaterlandes, und dessen noch lange nicht vollendetem Anbau, in Erziehung nützlicher Producte bestehen, gegen welche Europa und Westindien sie gern mit ihren Waaren versorgen werden, die America entweder nicht erzeugen kann, oder nie in zureichender Menge gewinnen wird, so lange der Feldbau, dessen Ausbreitung ihre Verfassung so sehr günstig ist, den größten Theil der Einwohner bequemer und vortheilhafter als Manufacturen und Fabriken nähren kann. In den nördlichen Provinzen giebt der Feldbau zwar nicht so reichlichen Gewinn, als in den südlichen, welche, außer Korn, auch Tobak, Reiß und andere Waaren zum Handel mit Europa liefern, allein da in jenen die Viehzucht vortreflich gedeihet, da die Waldungen einen so unerschöpflichen Vorrath von Bau- und Schiffsmaterialien enthalten, und die Küsten der Sitz der ergiebigsten Fischereyen sind, so geben ihnen diese Beschäftigungen eben so reichlichen Unterhalt. Freylich werden die jetzt unabhängigen Americaner an Abgaben mehr bezahlen müssen, als sie unter brittischer Hoheit gewohnt waren, da der Krieg eine beschwerliche Nationalschuld hinterlassen, da sich ihre Staatsausgaben vermehrt haben, und die Landesvertheidigung, welche Großbritannien sonst übernahm, jährlich nicht unbeträchtliche Summen erfordert. Allein da diese Steuern nicht anders als durch Einwilligung der Einwohner gehoben werden können, keiner sich über sein Vermögen taxiren wird, und diese Steuern nur auf bestimmte Zeit, oder nur von Artikeln des Luxus und entbehrlichen fremden Waaren gehoben werden, so werden sie hier nicht so leicht als in Europa die Einwohner unterdrücken, oder die untern Classen derselben nicht so leicht zu der unter uns so allgemeinen Dürftigkeit herab würdigen.

Für Europa ist diese eben geendigte Revolution in der neuen Welt gewiß von den wichtigsten Folgen, und was wir aus derselben jetzt kaum entfernt muthmaßen, werden unsere Nachkommen überzeugend erfahren. Nachtheilig ist sie für unsern Welttheil überhaupt genommen nicht, und wenn auch einzelne Staaten darunter leiden sollten, oder der Ruf der americanischen Freyheit die Auswanderungen aus Deutschland und Großbritannien vermehren könnte, so wird Europa im Allgemeinen dennoch gewinnen. Ein Theil des americanischen Handels, der entweder unter den Fleiß und Industrie zerstörenden Fesseln des Monopoliums schmachtete, oder nur einzelne Staaten bereicherte, wird dadurch ausgebreiteter, mehreren Theilnehmern eröffnet, und dadurch im Ganzen vortheilhafter werden. Ganz Europa hat nun Freyheit, americanische Producte aus der ersten Hand, und zu den besten Preisen zu kaufen, die es sonst nur über England und theurer erhalten konnte. Alle europäische manufacturirende

Staaten, besonders Frankreich und Deutschland, werden in America sichern Absatz ihrer Waaren finden, da das ehemalige Monopol mit Großbritannien aufgehoben ist, und diese Länder Linnen, Wollenzeuge und andere Waaren wohlfeiler als England geben können. Die Schwierigkeit, entfernte Nebenländer bey überhand nehmenden Misvergnügen der Einwohner gehorsam zu erhalten, wird andere Nationen warnen, die Raubsucht der Monopolisten nicht aufs äußerste treiben zu lassen, und ihnen rathen, der Industrie freyern Lauf zu gönnen, und den spanischen Grundsatz einmal zu verwerfen, den Gewinn von den Nebenländern, selbst mit Bedrückung der Unterthanen, zu vermehren. Europa wird in seinem westindischen Activhandel leiden, indem America diese Inseln leichter und wohlfeiler mit Lebensmitteln und andern Nothwendigkeiten versorgen, und vielleicht dadurch einen Theil des wichtigen Zucker- und Caffehandels an sich ziehen kann. Großbritannien wird nebst einigen nordischen Reichen durch die anerkannte nordamericanische Unabhängigkeit allerdings verlieren. Ersteres, das fast den Alleinhandel nach diesen Ländern besaß, der den dritten Theil des ganzen brittischen Handels betrug, und England jährlich über 6 Millionen Reichsthaler bereicherte, muß diesen nun mit andern Staaten theilen. Die nordischen Reiche, welche die westlichen Länder in Europa mit Korn, Holz, Eisen und Hanf versorgen, werden an America einen gefährlichen Nebenbuhler finden, der diese Staaten wegen der geringern Fracht wohlfeiler damit versorgen kann, und eben so viel dagegen von ihren Producten braucht. Die Einwendungen, daß dieser Handel schon von America vor dem Kriege getrieben werden, und die nordischen Länder dennoch ihre Waarrn hier absetzen konnten, beweist nichts dagegen, weil der Handel der Americaner jetzt von allen Einschränkungen frey ist, sie ungehindert sich hier mit allen Waaren dieser Länder versorgen können, und sie nicht

wie

wie ehedem manche Waaren, die Portugal und Spanien sehr annehmlich waren, bloß nach England führen durfen. Dadurch stiegen manche Producte, die America und die nördlichen europäischen Staaten gemeinschaftlich liefern, zu sehr im Preise, daß die angeführten Staaten solche lieber von der Ostsee her als aus der neuen Welt über England kommen ließen.

Präsidenten des Congresses seit 1774.

Paiton Randolph aus Virginien, in den Jahren 1774 und 75. Er starb während seines Amts.
Henrich Middleton von Südcarolina, 1775.
Johann Hancock von Massachusets, 1776 und 1777.
Henrich Laurens von Südcarolina, 1777 u. 1778.
Johann Jay von Neujork, 1779.
Samuel Huntington v. Connecticut, 1779 u. 1780.
Thomas Macnean von Delaware, 1780 u. 1781.
Johann Hanson von Neujork, 1781.
Elias Boudinat — — 1783. —

Bevölkerung.

der dreyzehn nordamericanischen Staaten.

Etwa um 1751 zählte man in diesen Ländern, Neuschottland mit gerechnet, eine Million Seelen, von denen etwa 80,000 von Zeit zu Zeit aus Europa gekommen waren. Diese Anzahl hat sich seitdem mehr als verdoppelt. Eine außerordentliche Bevölkerung, die allein durch die dortige Freyheit, und die Leichtigkeit sich fortzuhelfen, bewirkt worden. Es sind darüber seit dem letzten Kriege verschiedene Berechnungen, besonders von französischen Schriftstellern, bekannt gemacht worden, diejenigen aber, welche um 1775 die Einwohner dieses Freystaats auf 3,056,678 Seelen schätzen, haben ihre Anzahl beynahe um eine halbe Million zu hoch gerechnet. Nach einer neuern Zählung, welche der Congreß im Jahr 1783 bekannt machte, lebten in den dreyzehn Provinzen 2,389,300 Seelen. Diese waren auf folgende Weise in den verschiedenen Staaten vertheilt, und an steuerbaren Einwohnern hatte

Neuhampshire : : :	82,200
Massachusets : : :	350,000
Rhodeisland : : :	50,400
Connecticut : : :	206,000
Neujork : : :	200,000
Neujersey : : :	130,000
Pensilvanien : : :	320,000
Delawar : : :	35,000
Maryland : : :	220,700
Virginien : : :	400,000
Nordcarolina : : :	200,000
Südcarolina : : :	170,000
Georgien : : :	25,000
	2,389,300

Neueste Verfassung

der dreyzehn nordamericanischen Staaten.

Mit der Independenz=Erklärung haben, wie oben bemerkt worden, die meisten Provinzen wichtige Veränderungen in ihrer alten Verfassung vorgenommen, und selbige nicht nur von dem Einfluß Großbritanniens völlig befreyet, sondern auch demokratischer umgeformt, und in Absicht auswärtiger Angelegenheiten 1778 eine ewige Union mit einander geschlossen, welche endlich 1781 durch den bis dahin verzögerten Beytritt der Provinz Maryland ratificirt wurde. In beyden Umänderungen ihrer Verfassung haben sie bald ihre alte, bald Großbritanniens oder Hollands Regierungsform zum Grunde gelegt, und dieß ist in der Kürze 1) das Eigenthümliche der Verfassung der besondern Staaten, und 2) ihrer Verbindung durch den Generalcongreß. Anstatt daß ehedem die Regierung jeder einzelnen Provinz unter drey verschiedene von einander nicht ganz unabhän=

abhängige Staatskörper, den Gouverneur, den Rath oder das Oberhaus, und die Assemblee oder das Unterhaus vertheilt war, besteht sie jetzt aus zweyen besondern Collegien, dem Unterhause, und dem davon unabhängigen Rath oder Senat. Der Gouverneur ist zwar in allen Provinzen dem Namen nach geblieben, er hat aber, außer in Massachusetsbay und Neujersey, seinen Antheil an der gesetzgebenden Macht verloren, hat auf den Lantagen oder Volksversammlungen weder Sitz noch Stimme, und bloß nebst einem ihm zugeordneten besondern Rath die executive Gewalt, oder die Macht Schlüsse der Regierung zur Ausführung zu bringen.

Das Unterhaus besteht, wie ehedem, aus den Deputirten, die von den freyen, steuerbaren Einwohnern auf dem Lande und den Städten gewählt werden. Ihre Anzahl richtet sich nach der Bevölkerung. In Massachusetsbay sendet jedes Township von 150 Hausvätern einen Repräsentanten, und von 350 Hausvätern zwey derselben ins Unterhaus. In Südcarolina schickt der District von Charlestown 30 Deputirte, andere, die weniger bevölkert sind, nur zwey, und auf gleiche Weise ist es in andern Staaten festgesetzt. Damit die Zahl der Deputirten auch immer mit der Bevölkerung in Verhältniß bleibe, und die Repräsentation hier nicht einmal so ungleich wie in England werde, wo in Cornwall etwa 30, 000 votirende Hausväter den zwölften Theil der gesetzgebenden Macht in Händen haben, und vierzig Parlamentsglieder wählen, da hingegen London, diese bevölkerte Hauptstadt des Reichs, nur vier Deputirte wählen darf, so werden die Einwohner wenigstens alle sieben Jahr gezählt, und nach ihrem Wachsthum und Abnahme die Zahl ihrer Repräsentanten verändert. Jeder wirkliche Einwohner einer Provinz, kann als Deputirter gewählt werden, der seine Taxen bezahlt und einiges Vermögen besitzt. In Massachusetsbay muß er wenigstens 200 Pf. St. in Vermögen haben, in Maryland werden 500 Pf. St. dazu erfordert, in einigen Provinzen aber sind die Vermögensumstände der Repräsentanten nicht bestimmt. Keiner, der eine lucrative Bedienung bekleidet, oder in Militairdiensten steht, kann dazu erwählt werden, und er verliert in solchem Fall seinen Sitz im Unterhause; doch in Südcarolina kann ein Mitglied der Assemblee, eben als wie im englischen Unterhause, in solchen Fällen wieder erwählt werden. Sonst hat das Unterhaus in den Provinzen, wo die gesetzgebende Macht zwischen diesem und dem Rath getheilt ist, gleiche Gewalt mit dem letztern; doch alle Geldbewilligungen müssen im Unterhause in Vorschlag gebracht werden. Daß diese Deputirten während der Dauer des Landtages Diäten erhalten, ist wahrscheinlich, weil dieß in Nordamerica vor der Independenz-Erklärung eingeführt war, und in der Verfassung von Pensilvanien ausdrücklich verordnet worden, daß solche von den allgemeinen Landeseinkünften gezahlt werden sollen.

Die zweyte gesetzgebende Macht, das Oberhaus, oder, wie solches jetzt in America gewöhnlich genannt wird, der Rath, oder Senat, findet sich außer Georgien und Pensilvanien in allen übrigen Provinzen. In jenen beyden beruhet auf der Assemblee die ganze Landesregierung. Dieser Senat ist ganz und gar von dem ehemaligen Rath vor der Independenz verschieden: er wird zwar eben so wie das Unterhaus von den Einwohnern erwählt, doch können in einigen Provinzen nur die Reichern oder begüterten Landeseinwohner zu dieser Stelle erwählt werden, oder an der Wahl Theil nehmen. In Neujork kann jeder, der ein freyes Gut zwanzig Pf. St. werth besitzt, seine Stimme zur Wahl der Glieder des Unterhauses geben, bey der Wahl der Senatoren aber nur die, welchen freye Güter von hundert Pf. St. werth gehören. In Maryland, Südcarolina aber und Massachusetsbay können alle sonst wahlfähige Einwohner ihre Stimme geben. In Neuhampshire, wählen die Glieder des Unterhauses den Senat, und in Maryland ist die besondere Einrichtung, daß erst alle wahlfähige Einwohner eine gewisse Anzahl Personen ernennen, die hernach entweder aus ihren Mitteln, oder

den

den Einwohnern überhaupt, funfzehn Senatoren wählen, und daher Wahlherren genannt werden. Ein Senator kann nicht aus der Klasse der Einwohner genommen werden, die Vermögen genug haben, um im Unterhause zu sitzen. In Nordcarolina muß ein Senator wenigstens 300 Morgen Land besitzen, da 100 Morgen schon ihm eine Stelle im Unterhause verschaffen. In Neujork wird keiner in den Rath der Provinz aufgenommen, der nicht 1000 Pf. St. im Vermögen hat, mit der Hälfte aber kann er sich zum Deputirten des Unterhauses wählen lassen. Die Senatoren behalten ihre Stellen länger, als die Glieder der Assemblee. Diese werden alle Jahr gewählt, und gewöhnlich in drey Jahren nicht wieder gewählt. In Virginien behält dagegen der Senat vier Jahr Sitz und Stimme. Alle Jahre gehen vier der ältesten Glieder ab, und vier neue kommen hinzu. In Delaware sitzen die Senatoren drey Jahr, hingegen in Massachusetsbay und Nordcarolina nur ein Jahr. Die Zahl der Senatoren ist auch nicht so groß, als der Deputirten im Unterhause. In Neujork besteht Letzteres, wenn alle versammlet sind, aus siebenzig Personen, der Rath aber nur aus vier und zwanzig; und in Delaware wählt jede Grafschaft sieben Repräsentanten, im Unterhause aber nur drey Senatoren. Zugleich wird in den meisten Provinzen der Senat als die letzte Instanz in allen Processen und Klagesachen angesehen. In allen übrigen Regierungsgeschäften ist er dem Unterhause völlig gleich, doch ist nicht deutlich bestimmt, wer in solchen Fällen entscheiden soll, wenn beyde Versammlungen in ihren Meynungen von einander abweichen.

Die ausübende obrigkeitliche Gewalt besitzt der Gouverneur in jeder Provinz, dem zu diesem Geschäft ein besonderer Rath zugeordnet ist, der den Namen Council führt, und bald aus vier, bald aus acht Personen besteht. Der Gouverneur, oder Präsident, wie er in Pensilvanien heißt, muß ein angesehener begüterter Mann seyn, der wenigstens, wie in Massachusetsbay jetzt eingeführt ist, dorten sieben Jahr gewohnt hat, und entweder aus den Einwohnern überhaupt, oder den Gliedern beyder Häuser gewählt wird. In diesem letztern Fall aber verliert er Sitz und Stimme in beyden Häusern. Seine Stelle bekleidet er bald längere bald kürzere Zeit, in Massachusetsbay und Pensilvanien ein Jahr, in Neujork, Delawar und andern Provinzen aber drey Jahre. Seine Wahl ist fast in jeder Provinz verschieden. In Massachusetsbay wird er durch die meisten Stimmen der wahlfähigen Einwohner ernannt. Fallen diese aber auf mehrere Personen gleich, so werden im Unterhause aus denselben zwey ballottirt, und aus diesen beyden wird vom Senat einer zum Gouverneur erwählt. In Neujork geben bey dieser Wahl nur diejenigen ihre Stimme, welche Senatoren wählen dürfen. In Pensilvanien wird der Präsident von dem Unterhause, und dem besondern Rath des erstern aus den Mitgliedern des Raths gewählt. In Delawar und Maryland wählen beyde Häuser ihren Gouverneur, und in Georgien, das Unterhaus aus ihren Mitteln. Der Gouverneur steht in allen Provinzen an der Spitze aller öffentlichen Geschäfte, und ist gewissermaßen ihr Statthalter. Er commandirt Land- und Seetruppen, sorgt für die Sicherheit der Provinz, zieht die Miliz zusammen, vergiebt Aemter und Stellen, entweder vor sich, oder mit Zuziehung beyder Häuser. In außerordentlichen Fällen beruft er beyde Häuser zusammen, die gewöhnlich ohne seine Mitwirkung zusammen kommen, und aus einander gehen. Er kann Verbrecher begnadigen, Mörder und Staatsverbrecher ausgenommen. Er besorgt die Geschäfte seiner Provinz mit andern Staaten und dem General-Congreß. In Massachusetsbay und Neujersey ist seine Gewalt größer. In der Provinz Massachusetsbay sind die Schlüsse beyder Häuser nicht eher gesetzmäßig, als bis der Gouverneur seine Stimme dazu gegeben. Er beruft die Assemblee und den Senat zusammen, und dissolvirt sie, und vergiebt alle Justizbedienungen. In Neujersey hat der Gouverneur Sitz und Stimme im Senat.

Alle

Alle Geschäfte mit Auswärtigen, oder die alle dreyzehn Provinzen überhaupt angehen, sind dem General-Congreß übertragen. Dieser versammlet sich an einem jetzt noch unbestimmten Ort alle Jahr, im Anfange des Novembers. Jeder Staat schickt dazu seine Deputirten, welche jährlich erwählt werden, und, die er auch selbst in dem ersten Jahr verändern kann. Keiner darf über sieben oder unter zwey Abgeordnete schicken, hat aber dennoch nicht mehr als Eine Stimme im General-Congreß. In wichtigen Sachen, Krieg und Frieden, Geldanleihen, müssen wenigstens neun Provinzen, oder neun Stimmen gleicher Meinung seyn, ehe ein Schluß gefaßt werden kann. Keiner von diesen Deputirten darf, während er im Congreß sitzt, eine lucrative Bedienung bekleiden. Dieser Congreß besorgt alle Geschäfte, welche keiner von den dreyzehn Provinzen einzeln, oder in Verbindung mit andern ausüben darf. Er schließt Tractaten und Verträge mit Auswärtigen, er bestimmt die Anzahl und die Art der Truppen, die Kriegsschiffe, welche zur allgemeinen Landesbeschützung gehalten werden. Denn keine Provinz darf für sich regulaire Regimenter errichten, oder Kriegsschiffe bloß für ihre besondere Vertheidigung haben. Krieg und Frieden gehören ebenfalls für den General-Congreß, so wie das Münzwesen, Postregal, der Handel mit den Wilden, die Streitigkeiten der Provinzen unter einander, sogar die Entscheidung, wenn in den Staaten die gesetzgebende und executive Versammlungen uneins sind. Wenn der Congreß keine Sitzungen hält, so besorgt ein besonderer Staatsrath (Committee of the States) dessen Geschäfte, außer solche, die nicht anders als mit Einstimmung von neun Provinzen geschehen können. Jede Provinz hat einen Deputirten in diesem Staatsrath, dessen Glieder unter sich einen Präsidenten wählen, der alle Jahre verändert wird, und wenigstens nicht eher als drey Jahr nachher wieder erwählt werden kann.

Großbritanniens Handel mit den dreyzehn nordamericanischen Staaten seit dem ersten Pariser Frieden 1763.

Alle englische Politiker haben die Wichtigkeit dieses Handels, der in den unten bemerkten Jahren England so sehr bereicherte, und alle Jahre gewöhnlich siebenhundert brittische Schiffe beschäftigte, verschiedentlich bekannt gemacht, aber bey den wahren Vortheilen, welche England von demselben hatte, weichen sie unter einander mannichfaltig ab, nachdem sie, beym Ausbruch des jetzt geendigten Krieges, die Nation über die Revolution in Nordamerica trösten, oder beunruhigen wollten. Daß dieser Handel in gewöhnlichen Jahren, Aus- und Einfuhr zusammen gerechnet, nie unter drey Millionen Pf. Sterl. fiel, und selten über vier Millionen stieg, beweisen die Tabellen der englischen Zollregister, welche Whitworth, und Chalmers benutzt haben. Der nordamericanische Handel überhaupt aber mit England, Westindien, Africa und andern Reichen war größer, und betrug über sechs Millionen, von denen man die Ausfuhr allein auf 3,400,000 Pf. Sterl. und oft darüber rechnen konnte. Nach dieser Tabelle war selbst im letzten Kriege die englische Ausfuhr nach America eben so groß, und zuweilen grösser, als vor 1774, allein sehr vieles davon brauchten die englischen Truppen, auch erlaubte der Congreß bey der Zerstörung oder gewöhnlichen Unsicherheit des nordamericanischen Handels, daß die Unterthanen sich von Pensilvanien und Neujerk unter der Hand mit englischen Waaren versorgen durften, und Neujork allein erhielt zuweilen, wie im Jahr 1779, für eine halbe Million Pf. St. brittischer Waaren. — Im folgenden Zeitraum von achtzehn Jahren war der brittische Handel mit seinen Kolonien 1770 und 1771 am höchsten, überhaupt aber so beschaffen, daß England jährlich eine Million Pf. Sterl. und darüber gewann. Im Jahr

		war Engl. Ausf. n. Am.		Einf. v. America	
1763	=	2, 279, 088	Pf. St.	1, 097, 152	=
1764	=	1, 937, 514	=	1, 153, 711	=
1765	=	1, 781, 315	=	1, 026, 645	=
1766	=	1, 959, 843	=	1, 099, 784	=
1767	=	2, 130, 736	=	1, 246, 431	=
1768	=	1, 341, 026	=	1, 024, 773	=
1769	=	1, 933, 778	=	1, 048, 760	=
1770	=	3, 548, 851	=	1, 339, 399	=
1771	=	3, 014, 199	=	1, 253, 781	=
1772	=	1, 981, 544	=	1, 353, 300	=
1773	=	3, 341, 413	=	=	=
1774	=	3, 081, 380	=	=	=
1775	=	953, 614	=	=	=
1776	=	1, 063, 201	=	=	=
1777	=	1, 847, 123	=	=	=
1778	=	1, 127, 186	=	=	=
1779	=	1, 320, 631	=	=	=
1780	=	1, 715, 271	=	=	=

Einfluß des Krieges auf den virginischen Tobacksbau.

Virginien nebst Maryland und Carolina beschäftigten bisher auf 250, 000 Neger mit dem Bau dieser in Europa seit dem vorigen Jahrhundert so unentbehrlich und wichtig gewordenen Pflanze, und so lange America noch mit England in Verbindung stand, erhielt letzteres in gewöhnlichen Jahren 90= bis 96,000 Fässer Toback, welche wenigstens 3,300,000 Reichsthaler werth waren. Der Krieg hat in diesem Handel sowohl für England, als America, große Veränderung gemacht, und wer weiß, ob der Tobacksbau je wieder für Virginien so wichtig werden wird, seitdem Deutschland, Irrland, Rußland und Ungarn mit so gutem Erfolg denselben betrieben haben? Vor dem Kriege pflegte Virginien über 130, 000 Fässer Toback zu bauen, wie man aus den Steuer= und Handelsregistern dieser Provinz zuverläßig weiß, allein seitdem hat sich dieser wichtige Nahrungszweig bis auf 72,000 Faß, jedes von achthundert bis tausend Pfund, vermindert, wie folgende Berechnung über den seit 1773 in Virginien gebaueten Toback ergiebt. Nach derselben wurden überhaupt in dieser Provinz gewonnen:

1773	:	:	136,500	Fässer
1774	:	:	139,500	:
1775	:	:	127,000	:
1776	:	:	119,000	:
1777	:	:	111,000	:
1778	:	:	91,050	:
1779	:	:	72,850	:
1780	:	:	71,500	:
1782	:	:	72,000	:

Ungefähre Berechnung, wie viel jede Provinz zu den allgemeinen Ausgaben beyträgt.

Im Jahr 1781 sollten von allen dreyzehn Staaten gemeinschaftlich acht Millionen americanischer Dollers zusammen gebracht werden; dazu wurden folgende Summen auf jede Provinz nach dem Werth der darin angebauten Ländereyen repartirt. Auf

Virginien	1,307,594	D.
Massachusets	1,307,496	:
Pensilvanien	1,120,794	:
Maryland	933,996	:
Connecticut	727,196	:
Neujersey	705,979	:
Nordcarolina	622,677	:
Südcarolina	373,598	:
Neujork	373,598	:
Rhodeisland	216,684	:
Neuhampshire	373,398	:
Delawar	112,085	:
Georgien	24,905	:
	8,000,000	D.

Zur Erläuterung der Kupfer.

Das Titelkupfer

ist von der Erfindung und Zeichnung des, besonders in Compositionen dieser Art, nicht genug zu bewundernden Künstlers, Herrn J. W. Meil. Es liefert eine eben so getreue als sinnreiche allegorische Darstellung von dem eigenthümlichen Innhalt dieses historisch genealogischen Calenders, in so fern derselbe nämlich aus zweyen Haupttheilen, der Zeitrechnung und einer Erzählung der merkwürdigsten Weltbegebenheiten, besteht. Um beydes anzudeuten, erscheint oben, in Wolken, mit ihrem Attribute der Sense versehen, die Zeit. Sie treibt ihr ewig dauerndes Geschäft, den Thierkreis fortzurücken, dessen angenommener Cirkel das Sonnenjahr ausmacht. Tief unter ihr ragt, zu diesem Sonnensystem gehörend, unser Erdball hervor, auf den, sanft hingelehnt und von Wolken umschwebt, eine schöne weibliche Figur, die Göttin des Glückes, ihr Rad dreht, dessen wechselnden Umlauf die Staaten im Großen, und ihre Bewohner im kleinen erfahren.

Die Charte

auf welcher das dem nunmehrigen Freystaate von Nordamerica zuständige Land, nebst einem Theil der angränzenden englischen und spanischen Besitzungen, vorgestellet ist, erklärt sich theils durch die Innschrift, theils durch die im gedruckten Text dieses Calenders darüber mitgetheilten Erläuterungen. Indeß ist doch noch verschiedenes hier anzuzeigen. Das gelb illuminirte Land macht das Gebiet der dreyzehn vereinigten Staaten von Nordamerica aus. Es theilt sich gleichsam in zwey Theile, davon der eine, ein schmaler Streif Landes längs dem Meere hin, voller Namen von Oertern, hellgelb der andre hingegen, vom Meere abwärts, nach Westen hin gelegen und ungleich leerer von Namen von Oertern, blasser (etwas mehr ins Rothe fallend), gelb illuminirt ist. Der erste allein ist eigentlich bewohnt und größtentheils urbar gemacht, der andre, durch eine von Süden gen Norden laufende Gebürgskette (Apalachian und Allegan Mountains) von jenem geschieden, ist, bis auf einzelne Blockhäuser und Schanzen, welche die Engländer zu Deckung ihres Handels mit den Wilden daselbst errichtet haben, noch zur Zeit eine bloße Wüstenen, ein Aufenthalt umherstreifender wilder Volksstämme, deren Namen die Charte angiebt, als Chactaws; Creek-Indians; Cherakees; Shawnoes; &c. Im gedruckten Text wird, pag. 3., in der Note gesagt, „auf der Charte sey die ehemalige Gränze von Canada mit einem dunkelrothen Strich angedeutet;„ allein man hat nachher bey der Illumination gefunden, daß diese Gränzlinie beym ersten Anblick den Leser nur verwirren würde, ohne im Grunde ihm etwas wesentliches zu lehren. Sie ist deshalb nicht ausdrücklich mit Farbe angedeutet worden. Wem indeß daran liegt, sie zu wissen, der merke, daß sie dem Lauf des Ohio, von dessen Einfluß in den Mißisippi an, bis zum 80sten Grad der Länge folgt, und von hier, vermittelst einer durch Punkte angezeigten Linie, gerade aufwärts durch den Lake Erie durchgeht. —— Wegen des Formats dieses Calenders, konnte man der Charte, ohne wirkliche Unbequemlichkeit, nicht füglich eine größere Ausdehnung ertheilen, folglich auch die Küste von Labrador nicht so hoch nach Nordost hinauf führen, daß die, zwischen demselben und der Insel Neufoundland oder Terre neuve belegene, Straße Belle-Isle dort sichtbar geworden wäre. Indeß wird wohl jeder der Geographie einigermaaßen Kundige von selbst wissen, daß Neufoundland rechter Hand, oben in der Ecke, vorhanden sey, und außerdem wird er, aus der zu nützlicher Ausfüllung des Raums seitwärts angebrachten kleinen Charte von besagtem Neufound-

land,

land, sowohl die Lage dieser Insel, als die nach dem jetzigen Friedensschluß daselbst bestimmte Gränze für die englische und französische Fischerey, deutlich genug ersehen können. — Daß ein Theil der Erklärungen dieser Charte in französischer Sprache abgefaßt ist, rührt daher, weil man anfänglich auch eine französische Uebersetzung dieses Calender's herauszugeben willens war, die aber, wegen Mangel an Zeit und anderer gültigen Ursachen, unterblieben ist.

Die zwölf Monatskupfer

scheinen keiner nähern Erläuterung zu bedürfen, weil dieselbe theils unterhalb jedem, theils im gedruckten Texte selbst, ausführlich genug anzutreffen ist. Eben so bedarf auch die Wahl derselben wohl keiner Rechtfertigung; denn, theils sind alle hier vorgestellten Begebenheiten von so allgemeinem Interesse und von so sichtbarem Einfluß auf die Geschichte dieser Revolution, daß jede derselben in ihrer Art Epoche machte, theils sind es durchgehends Handlungen und folglich in allem Betracht zu einer bildlichen Vorstellung qualificirt. Der Einwendung, daß die Sujets dem Raume nicht angemessen wären, begegnet hoffentlich Chodowiecki's meisterhafte Composition; wer von dieser noch mehr fordert, der bedenkt wohl nicht, daß der Künstler ohngefähr nur in dem Verstande Herr des Raums sey, als der Mensch Herr der Natur genennt zu werden pflegt. Statt wichtiger wesentlicher Begebenheiten, kleine Episoden (die ohne wirklichen Einfluß in den Gang dieses großen Schauspiels nur so nebenher eingeflochten sind) — zum Gegenstand von Kupfern wählen — das würde dem richtigen ernsten Geschmack der Deutschen wohl nicht gemäß seyn, das überlassen wir unsern elegantern Nachbarn jenseit des Rheins, die, in eben dieser Geschichte, der Einäscherung Neujorks ein prächtiges Kupfer geweihet haben, auf welchem, Frauenzimmer, mit fliegenden Haar und mit brennenden Fackeln in den Händen, Bachanalien zu feyern scheinen.

Bildnisse fünf merkwürdiger Americaner.

Washington, Gates, Franklin, Laurens, Paul Jones sind so allgemein und so rühmlich bekannte Männer, daß ihre Bildnisse, in gegenwärtiger Sammlung, gewiß willkommen seyn werden. In Absicht der vier ersten bedarf dieß ohnleugbar keines Beweises, und ist gleich der fünfte kein durchaus großer Mann, so werden die hier beygefügten kurzen Nachrichten doch beweisen, daß es ihm wenigstens an persönlichem Verdienst keinesweges fehle, und daß er, in der Geschichte dieser großen Revolution, eine nicht ganz unbeträchtliche Nebenrolle gespielt habe. An seiner Statt wären das Portrait eines Hancok, Adams oder Payne allerdings intereßanter gewesen: allein, eines Theils ist keines derselben so ächt vorhanden, daß wir es den Lesern mit eben so viel Ueberzeugung hätten vorlegen können, als jetzt mit dem Bildniß des tapfern Seemanns, Paul Jones, geschehen kann, und anderer Seits behalten wir es uns vor, diese Sammlung in dem folgenden Jahr mit den ächten Bildnissen jener dreyen americanischen Staatsmänner zu vermehren, überhaupt die jetzt angefangene Gallerie berühmter Americaner nach und nach vollständig zu machen. Washington, Gates, Franklin und Laurens sind in Philadelphia von einem gewissen Simitier, Paul Jones hingegen von Notte, nach dem Leben gezeichnet, und nach diesen Zeichnungen theils in London theils in Paris in Kupfer gestochen. Diese Originale hat, zum Behuf gegenwärtigen Calenders, der treffliche Schüler unsers großen Schmid, Herr Daniel Berger, copirt, dessen Grabstichel eben so rühmlich als kunstreich

wis

mit dem Pinsel zu wetteifern und jenem einen Theil der Vorzüge mitzutheilen weiß, die sonst diesem eigenthümlich zu seyn scheinen.

Ein paar Worte über die, unter uns zum Theil unbekannte, Privatgeschichte jener americanischen Krieger und Staatsmänner, werden hier nicht ganz am unrechten Orte stehen.

Die Voreltern des jetzigen General en Chef der gesammten americanischen Landmacht, George Washington's, stammen aus England, namentlich aus Cave in Yorkshire, her, von wo sie, zur Zeit der Revolution, nach America auswanderten, und sich in Virginien niederließen. Sein Vater, Augustin Washington, war in dieser Provinz ein Mann von großem Ansehen und Besitzer weitläuftiger Ländereyen, und Er selbst dessen dritter Sohn, aus einer zweyten Ehe, am 22 Februar 1733 gebohren. Er ward, nach Art aller reichen jungen Leute in America, in seines Vaters Hause unter der Aufsicht eines Hofmeisters erzogen, und legte sich, fast mit Ausschliessung aller andern Kenntnisse, auf die lateinische Sprache, auf Geschichte und Mathematik. Letztere ward sein Lieblingsstudium, und brachte ihm das in America mehr Ansehen als Einkommen verschaffende Amt eines bestellten Landmessers, imgleichen, wegen des Einflusses, den die Mathematik auf die Kriegswissenschaft hat, zugleich, unter der dortigen Landmiliz, die Stelle eines Majors und Generaladjutanten zuwege. In dieser Qualität ward er, schon im 20ten Jahr seines Alters, (1753) aus Virginien nach dem Ohio geschickt, um dem dort commandirenden französischen Officier Mr. de St. Pierre, wegen einiger von seinen Untergebenen verübten Feindseligkeiten, Vorstellungen zu thun, und zugleich die dort wohnenden sogenannten sechs Nationen americanischer Wilden zu fernerer unverbrüchlicher Freundschaft gegen England zu bewegen. Um diesen mislichen Auftrag auszurichten, mußte er

unter

unter andern eine große Wüste durchwandern; doch, diese so wenig als alle übrige Schwierigkeiten konnten ihn abschrecken. Zu Ende Octobers begab er sich, von 15 bewährten Leuten begleitet, auf den Weg, und richtete seinen Auftrag mit so viel Klugheit, Eifer und Glück aus, daß ihm, bey seiner Rückkunft nach Virginien, diese Provinz eine öffentliche Danksagung abstatten ließ. Das Journal von dieser Reise und von seinen Unterhandlungen, welches durch den Druck bekannt gemacht wurde, zeigt ihn, schon im Jünglingsalter, reif an Kenntniß, Vorsicht, Ueberlegung und Beurtheilungskraft. Bald nachher, als in America, vor Ausbruch des Krieges zwischen England und Frankreich, schon allerhand Feindseligkeiten vorfielen, errichtete die Provinz Virginien ein Regiment Landmiliz von 400 Mann und machte den Major Washington zum Obersten und Chef desselben. Mit diesem Regiment schlug er, im May des folgenden Jahres, (1754) ein starkes Detaschement Franzosen und Indianer bey Redstone, und machte eine Anzahl Gefangene, darunter der damals berühmte Parthergänger de la Force war. Von diesem erfuhr er, daß das französische Haupt-Corps am Ohio ohngefähr eintausend Mann regulairer Truppen und etliche hundert Indianer stark sey. Dieser Uebermacht ohnerachtet drang er mit seinem Regiment weiter vor, verschanzte sich in einer guten Stellung, und nannte das daselbst in der Eil errichtete Fort, Neceßity. In demselben erwartete er Succurs von Virginien und Neujork, allein vergebens. Im Julius griffen die Franzosen, zwölfhundert Mann stark, unter dem Herrn de Villiers, dieses Fort an; sein Reginment war, durch das vorhergegangene Gefecht und durch die Beschwerden des Marsches, bis auf dreyhundert Mann geschmolzen; dennoch wehrte er sich mit diesen einige Stunden lang so tapfer, und tödtete von den Angreifenden so viele, daß diese ihm eine Capitulation antrugen und einen freyen Abzug gestat-

gestatteten. Im Winter dieses Jahres leistete er seiner Provinz als Ingenieur gute Dienste, indem unter seiner Aufsicht die Forts Cumberland und London gebauet wurden. Im folgenden Sommer (1755), da die Kriegsoperationen gegen die Franzosen ernsthafter wurden, ward der Oberst Washington zum Adjutanten des englischen General Braddok ernannt, dessen Armee von beynahe dreytausend Mann, durch das Innere des Landes, nach dem französischen Fort du Quesne, jetzt Fort Pitt, marschiren sollte. Allein diese Expedition lief, durch die Schuld des englischen Generals, sehr unglücklich ab. Nunmehro übernahm der Obrist Washington aufs neue das Commando der Landmiliz, verstärkte dieselbe, wagte mehrere kleine Unternehmungen gegen die Franzosen, und bewies sich bey jeder Gelegenheit als einen Officier von großen Fähigkeiten und vielem persönlichen Muth. Im Jahre 1759 legte er sein Commando nieder und fieng an, seinem Vaterlande als Staatsmann zu dienen. Er ward nämlich zum Deputirten auf den Landtag gewählt und zeichnete sich, wie ehemals als Krieger, so auch jetzt als Senator aus. In demselben Jahre heyrathete er seine jetzige Gemahlinn, eine junge Wittwe Namens Custis, die ihm, außer einem schönen Wittwensitz in Virginien, ein baares Vermögen von zwanzigtausend Pfund Sterling zubrachte. Beym Ausbruch der letzten Irrungen zwischen England und den Kolonien, ward er zu einem der vier Deputirten ernannt, welche die Provinz Virginien zum General-Congreß nach Philadelphia schickte. Als endlich diese Irrungen in einen offenbaren Krieg ausarteten, und die bereits vorhandene Armee der Americaner einen Anführer erforderte, ward Er, damals Oberst, und Mitglied des Congresses, von dieser Versammlung, am 15 Junius 1775, einmüthig zum General en Chef der gesammten americanischen Landmacht erwählt, und diese Wahl ihm, Tages darauf, feyerlich bekannt gemacht. Er

dankte

dankte dem Congreß in einer kurzen Rede für dieß ehrenvolle Zutrauen, versprach, daß er, zu Rechtfertigung desselben, sein Aeußerstes thun wolle, daß er sich aber wohl bewußt sey, nicht alle zu einem so wichtigen Posten erforderliche Fähigkeiten zu besitzen; dieß Bekenntniß müsse ihn bey jedem unglücklichen und der Erwartung des Congresses entgegengesetzten Vorfalle schützen. Zuletzt verbat er noch allen förmlichen Gehalt: nur Vaterlands- und Freyheitsliebe, sagte er, vermöchten ihn, diesen Posten anzunehmen; gewinnen wolle er durch denselben nicht; die bloße Erstattung seiner dabey zu verwendenden Kosten sey alles, was er von seinem Vaterlande gewarte, und über den Betrag derselben werde er genaue und gewissenhafte Rechnung führen. — Im Julius traf er im Lager der americanischen Armee, bey Cambridge in Neuengland, ein, und was Er seitdem an der Spitze derselben ausgerichtet hat, seine Fähigkeiten als General, sein persönlicher Muth, seine Standhaftigkeit bey den mislichsten Umständen, sein ausnehmend weltkluges Betragen gegen den Congreß, gegen die feindlichen Generale, gegen die französischen Hülfstruppen, — das alles ist unserm, so wie seinem Welttheil zu gleichgroßer Bewunderung genugsam bekannt, und verdient, um nach Würden erwogen zu werden, ein eignes Werk und einen eigenen Biographen. Zum Schluß also nur noch etwas von seinen Privat-Umständen.

General Washington (jetzt ein und funfzig Jahr alt) ist groß, gut gewachsen und von starkem Gliederbau. Er hat ein längliches Gesicht, ist pockennarbig und von der Sonne verbrannt, von männlichem unternehmenden Ansehen, welches durch lebhafte blaue Augen und dunkelbraunes Haar vortheilhaft unterstützt wird. Man erkennt ihn, gleich auf den ersten Blick, für einen denkenden, bedachtsamen und entschlossenen Mann. Er hat einen vortreflichen Anstand; alles, was er thut und sagt, geschiehet mit einer gleich-

sam

sam angebohrnen Würde, die jedoch, gehörigen Ortes, mit der erforderlichen Herablassung verbunden ist. Weder witzig noch von vorzüglich schnellem Verstande, hat er desto mehr Bedachtsamkeit und Beurtheilungskraft, ist unermüdet thätig, äußerst aufmerksam, bis zur Strenge gerecht und ein wahrer Vater seiner Untergebenen; ein treuer und edelmüthiger Freund; im Privatleben von untadelhaftem Charakter, ein praktischer Philosoph. — Durch den Tod seiner beyden älteren Stiefbrüder, die ohne Erben verstorben sind, ist er zum Besitz so weitläuftiger Ländereyen gelangt, daß er für einen der grösten Landeigenthümer in ganz America gehalten wird. Außer denen durch Erbtheil ihm zugefallenen, hat er auch durch seine Gemahlinn welche bekommen, imgleichen viele dazu gekauft, wozu er schon ehemals, als Landmesser, besonders gute Gelegenheit hatte, indem er den Officieren und andern Personen, denen der Hof zu Belohnung ihrer Dienste Land schenkte, denen aber baar Geld lieber war, das Ihrige gemeiniglich um guten Preis abkaufte. Ueberhaupt ist er einer der besten, ja ein wirklich paßionirter Landwirth; jeden Augenblick, den er ehemals, als Officier und als Senator, seinem Dienste entziehen konnte, hat er der Landwirthschaft gewidmet und seine Güter in ganz musterhaften Stand gesetzt. Unter diesen ist sein väterlicher Sitz, Mount Vernon, am Flusse Potomak, ohngefähr anderthalb deutsche Meilen jenseits Alexandria belegen, das ansehnlichste und schönste. Zusammengenommen werden sie, nach dortigem Werthe der Ländereyen, auf hundert und sechzigtausend Pfund Sterling, sein jährliches Einkommen aber auf viertausend Pfund Sterling geschätzt. Bey diesen Umständen, und bey seiner ausnehmenden Liebe zum Landleben und zum Landbau, ist es kein Wunder, daß Er jetzt, am Ende einer so dornenvollen und so glücklich zurückgelegten Laufbahn, nach dem friedlichen Schatten und zum stillen Genuß des Privatlebens zurück eilt. Er hat mit seiner Gemahlinn keine Kinder, außer eine Stieftochter, die Sie ihm zugebracht, und von welcher, wenn Er Sie überlebt, ihm außer dem Vermögen der Mutter noch zehntausend Pfund Sterling besonders zufallen. Von seiner eigenen Familie sind noch drey jüngere Brüder, Samuel, Johann, und Carl Washington, sämmtlich reiche Landeigenthümer in Virginien, ingleichen eine Schwester vorhanden, die an den Obersten Fielding Lewis verheyrathet ist.

2. Horatio Gates ist der merkwürdige General, dem America, durch die Gefangennehmung der bourgoynischen Armee, seine gänzliche Freywerdung fast unmittelbar zu verdanken hat. Gates ist in England, in der Grafschaft Derby, gebohren und daselbst erzogen. Seine Neigung zum Soldatenstande führte ihn in dem Kriege von 1756 nach America, wo er unter den englischen Truppen, als Adjutant des General Moncton, mit Distinction gegen die Franzosen diente. Der Aufenthalt in America gefiel ihm so wohl, daß er, um dort bleiben zu können, bey Endigung des Krieges seinen Abschied nahm, und, nachdem er eine reiche Americanerin geheyrathet hatte, sich zu Neujork förmlich niederließ. Beym Ausbruch der Feindseligkeiten zwischen England und America trat er, aus alter Liebe zum Kriegswesen, und aus Ueberzeugung von der Rechtmäßigkeit und Ausführbarkeit der dort ergriffenen Maaßregeln, in americanische Dienste. Als der Congreß den General Washington zum Chef der gesammten americanischen Landmacht wählte, ernannte er zugleich den jetzigen General Gates, mit Obersten-Rang, zum General-Adjutanten desselben. Dieser lernte ihn, als Officier, bald von der vortheilhaftesten Seite kennen und vertraute ihm die Führung eines eignen Corps regulairer Truppen an, mit welchem er, unterstützt von der zusammen berufenen Landmiliz, von einem Ende des ausgebreiteten Freystaates zum

andern

andern eilte, bald Sieger, bald überwunden, jedoch auch dann mit Ehre und immer zum Vortheil seines neuen Vaterlandes, focht. Die bey Saratoga im Jahr 1777 durch ihn bewirkte Gefangennehmung der bourgoynischen Armee gab der, ein Jahr zuvor, gleichsam auf gut Glück gewagten Independenz-Erklärung den bis dahin noch fehlenden Nachdruck; denn nun erst wagten es Frankreich und andere europäische Mächte diese Independenz öffentlich anzuerkennen, und zu thätiger Unterstützung der Americaner gegen England die Waffen zu ergreifen. Indeß, in einem so vortheilhaften Lichte auch Gates durch diesen Sieg erscheinen mag; so verdient sein Betragen nach demselben doch noch mehr Bewunderung. Weit entfernt, sich seines Glückes zu überheben, wendet er, aus edler Schonung der Ueberwundenen, als diese das Gewehr strecken, das Gesicht abwärts *) und bereit, seinen siegreichen Degen in die Scheide zu stecken, schreibt er, unmittelbar nach diesem Vorfall, an seinen Freund in England, Lord Thanet. „In England geboren und „erzogen, thue ich mir auf den Namen eines Eng„länders noch immer viel zu gute, und nehme das „Unglück, welches meinem ehemaligen Vater„lande unvermeidlich bevorsteht, wenn es bey „dem gegenwärtigen ungerechten Bürgerkriege „beharret, um desto mehr zu Herzen. Ist denn „kein Arzt, kein Balsam mehr, der die Wunde „heile? Die Waffen der vereinigten Staaten sind „siegreich gewesen, aber sie wollen des Sieges „nicht zu fernerem Blutvergießen misbrauchen. „O daß England umkehrte, ehe es zu spät wird! „Noch ist die Freundschaft von America wieder „zu erlangen, noch hegt es, aus Gefühl der bis„herigen

*) In dieser Stellung erblickt man ihn auch auf der in Kupfer gestochenen Vorstellung, welche Herr Chodowiecki von dieser Begebenheit zu gegenwärtiger Geschichte geliefert hat.

„herigen Verwandschaft, Vorliebe für England, „würde sich lieber mit diesem als mit irgend einem „andern europäischen Staate verbinden, aber — „nicht anders denn als freye Alliirte — das ist die „wahre Gesinnung aller Americaner, und ich, dem „die Wohlfahrt Englands aufrichtig am Herzen „liegt, halte es für meine Pflicht, sie Ihnen und „der gesammten englischen Nation bekannt zu „machen, weil es noch Zeit ist sie zu benutzen." Dieses warnende Schreiben ward am 16 Februar 1778 im Oberhause des Parlaments zu London öffentlich vorgelesen, hatte aber mit so manchem andern gutgemeynten Wink gleiches Schicksal — der Antrag ward, nach den gewöhnlichen heftigen Debatten, als unzuläßig und der Würde der Nation nicht angemessen, verworfen — Edler Gates! du bist unschuldig an jedem Tropfen Bluts, der nach diesem Briefe in jenem unglücklichen Zwiste noch vergossen ward!

3. Benjamin Franklin, dieser ehrwürdige jetzt achtundsiebenzigjährige Greis, ist am 17 Januar 1706 zu Boston in America geboren. Neuengland (dessen Hauptstadt Boston ist) hatte sich von jeher durch überaus hohe, ans Schwärmerische gränzende Begriffe von Freyheit, vor allen übrigen Provinzen in America ausgezeichnet. Diese Begriffe von bürgerlicher Freyheit und Unabhängigkeit erhielten, durch Vergleichung und Prüfung, in Franklins philosophischem Kopfe, eine nähere richtige Bestimmung, und mit welch einer männlichen Entschlossenheit, mit welch unermüdeter Thätigkeit und mit wie seltner Weisheit er sie, nachher, zum Glück seines Vaterlandes angewendet hat, davon sind wir, seine Zeitgenossen, Zeugen gewesen, und, vermöge des öffentlichen Charakters, den er sowohl am englischen als am französischen Hofe bekleidet, von dem Gange und Erfolge seiner Bemühungen genugsam unterrichtet. Schon vor dreyßig Jahren (1754) zeigte er, von dem damaligen großbritannischen Statthalter in Pensilvanien, Shirley, dazu

dazu aufgefordert, die Rechte des americanischen Volkes, ihre Beschwerden, und zugleich den nicht ausbleibenden unwiederbringlichen Schaden an, den England erleiden müßte, wenn es bey dieser Lage der Sachen, und bey dieser Stimmung der Gemüther in America, so unbehutsam als bisher fortführe, Einschränkungen und Abgaben vorzuschreiben. Allein, durch eine eben so unglückliche als unbegreifliche Verblendung hörte England auf diesen Zeugen der Wahrheit so wenig damals, als zwanzig Jahre nachher, da es ihn und Penn, und andre competente Richter mehr, öffentlich im Parlamente vernahm. Ein Mann seiner Art war in allem Betracht dazu qualificirt, dem Vaterlande in einem öffentlichen Amte zu dienen, und, hievon vollkommen überzeugt, wählte die Provinz Massachusetsbay und andre mehr ihn zu ihrem Agenten in London. Die Aussicht seinem Vaterlande in diesem Posten wichtige Dienste zu leisten, und das Verlangen seine Kenntnisse durch den Umgang mit Gelehrten und Künstlern, daran es in America fehlte, zu vermehren, bewogen ihn, jenen Welttheil zu verlassen, und so traf er nach dem Pariser Frieden von 1763. in London ein. Seine zuvor schon erkannten Verdienste mancher Art wurden hier bald noch allgemeiner bekannt, und blieben nicht unbelohnt. Seiner Einsichten und Entdeckungen in der Naturlehre wegen ward er zum Mitglied der Londner und der Pariser Akademie der Wissenschaften ernannt, und der englische Hof ertheilte ihm die einträgliche Stelle eines General-Postmeisters für die Kolonien. Allein, als er mit unbestechlichem Eifer die Gerechtsame seiner Landesleute zu vertheidigen fortfuhr, und, im Jahr 1773, eine Vorstellung derselben gegen ihren damaligen großbritannischen Gouverneur eingab und unterstützte, ward er von der englischen Regierung seines bisherigen Amtes, als General-Postmeister der americanischen Kolonien, entsetzt. Mit der Hoffnung, zum Besten dieser letztern in London etwas ausrichten zu können, gab er zugleich den nun völlig unnütz gewordenen Posten eines americanischen Agenten auf, und gieng zu Ende des Jahrs 1774 nach America, und zwar nach Philadelphia zurück. Hier ward er gleich zum Mitglied des damals versammelten Congresses erwählt, im Jahr 1776 zum Deputirten bey der zwischen England und America angestellten Aussöhnungs-Commißion ernannt, und, als diese fruchtlos ausfiel, zu Ende desselben Jahres nach Frankreich geschickt, woselbst er anfänglich als Privatmann lebte, in der Stille aber die Angelegenheiten von America am französischen Hofe besorgte, und endlich, nachdem die Independenz von America zu Versailles förmlich anerkannt worden war, im Jahr 1778, den Charakter eines bevollmächtigten Ministers an eben diesem Hofe annahm. In diesem Posten hat er nun dem neuen Freystaate in Cabinet nicht minder wichtige Dienste, als Washington demselben im Felde, geleistet. Was den würdigen Greis nicht wenig schmerzen muß, was er aber mit der Verleugnung eines ächten, ganz von Patriotismus durchdrungenen, Republicaners erträgt, ist das Schicksal seines einzigen Sohnes, vormaligen königlich großbrittannischen Statthalters in der Provinz Neujersey, der, deshalb, daß er die englische Parthey nahm und die Einwohner ermahnte, nicht zur Independenz-Erklärung, noch zu gewaltsamer Auflehnung gegen England überzutreten, auf Veranstaltung des Congresses, im Jahr 1776, gefangen genommen und nach Walsingford in Conecticut festgesetzt ward, wo er, vermuthlich noch jetzt, durch den Verlust seiner Freyheit büßet. — Die unbekannte, frühere Lebensgeschichte des D. Franklin, die Veranlassung und den Fortgang zu dem eigenthümlichen Geistesschwunge, der ihn charakterisirt, soll die Nachwelt, wie wir glaubwürdig wissen, durch ihn selbst erfahren. — America wird ihm, als seinem Schutzgott und Wohlthäter, Altäre bauen, und auch Europa wird noch spät den Namen des Mannes mit Achtung nennen, dem mit jedem Blitzableiter ein Monument errichtet wird!

4. Heinrich Laurens ist aus Südcarolina gebürtig, woselbst er, seiner persönlichen Verdienste und seines Wohlstandes wegen, in allgemeinem Ansehen stand. In den früheren Zeiten der Auflehnung America's gegen England war er einer von den wenigen angesehenen Leuten, die öffentlich und anhaltend zum Frieden riethen, wodurch er sich aber die gröblichsten Dröhungen des ausgelassenen Pöbels zuzog, der sein Haus oft zur Nachtzeit umringte und unter kräftigen Flüchen es in Brand zu setzen schwur. Erst nachdem er, auf einer Reise nach England, die wahren Gesinnungen des Ministeriums und den Gesichtspunkt erfahren hatte, aus welchem man dort die Kolonien ansah und ihr Schicksal zu bestimmen suchte, erst dann schlug er sich zur Parthey des Volks und beharrte in Glück und Unglück bey derselben, ohne jedoch von seiner billigen und gemäßigten Denkungsart gegen Loyalisten und Engländer abzugehen, wie beyde zu ihrem Vortheil gelegentlich erfahren haben. Südcarolina, sein Vaterland, war, unter den dreyzehn vereinigten Staaten von Nordamerica, die erste Provinz, welche sich für unabhängig von England erklärte und eine eigene ganz demokratische Regierungsform festsetzte. Dies geschah am 26 März 1776. Zween Tage nachher ward John Rutledge zum Präsident, und Heinrich Laurens zum Vice-Präsident der dortigen Provinzialversamlung ernannt. In den Jahren 1777 und 1778 bekleidete er die Stelle eines Präsidenten im Generalcongreß zu Philadelphia. Auf seine Veranlassung und unter seines Namens Unterschrift declarirte der Congreß am 22 November 1777 zur Wissenschaft des gesammten americanischen Volkes und aller europäischen Mächte, daß die vereinigten Staaten nicht (wie damals die Rede gieng) mit England in Friedensunterhandlungen ständen,

und, daß sie auch dergleichen nie anders als mit Beybehaltung ihrer Unabhängigkeit würden Statt finden lassen. Im Jahre 1780 ward er vom Congreß in geheimen Angelegenheiten nach Europa gesandt; allein, ohnweit der Küste von America, begegnete das unbewaffnete Fahrzeug, auf welchem er sich befand, der englischen Fregatte die Vestalinn, geführt vom Capitain Keppel, und mußte sich derselben ergeben; seine Papiere, die er in dem Augenblick, als die englische Fregatte heran kam, über Bord geworfen hatte, sanken, weil das daran gehängte Bley nicht schwer genug dazu war, nicht unter und wurden folglich von den englischen Matrosen aufgefischt. Capitain Keppel gieng nach diesem Fang gleich ans Land, nahm eine Provision Lebensmittel ein, und seegelte darauf mit seinem Staatsgefangenen nach London, wo er am 5 October eintraf; am folgenden Tage ward der Präsident Laurens nach einem sechs Stunden langen Verhör zur engen Verhaft in den Tower gebracht, und niemand zu ihm gelassen, auch der Gebrauch von Feder und Dinte ihm versagt. Er ertrug den Verlust der Freyheit, die für einen Mann in seiner Lage tödtende Einsamkeit, die gewaltsame Zerreißung aller politischen und natürlichen Bande, welche ihn an diese Welt hefteten, die misliche Ungewißheit seines künftigen Schicksals — dieß alles ertrug er mit derjenigen Seelenstärke, die nur wahrhaft großen Leuten eigen ist. Sein Körper hingegen widerstand dem Ungemach so gut nicht. Mangel von Bewegung und von freyer Luft zogen ihm eine Krankheit zu, um deren willen er am 1 December 1781 dem Unterhause des Parlaments eine mit Bleystift geschriebene Bittschrift vorlegte, in welcher er, seiner zerrütteten Gesundheit wegen, um einige Erleichterung seiner Gefangenschaft bat. Er erhielt sie, wie billig, und die bald nachher in London anlangende Nachricht, daß Lord Cornwallis, mit seiner ganzen Armee, sich den Americanern habe ergeben müssen, brachte seine gänzliche Loslassung um desto eher zuwege, je schleuniger die Feindseligkeiten gegen America, sich nunmehr ihrem Ende näherten, und überdem, in der Capitulation von Yorktown, die siegreichen Americaner die Freystellung ihres ehemaligen Congreß-Präsidenten, in einem eigenen Separat-Artikel, sich förmlich ausbedungen zu haben schienen. Seine Gesundheit hat indeß von jenem langen Verhaft einen Stoß bekommen, den sein nachmaliger Aufenthalt in Bath noch nicht wieder gut gemacht hat. Jetzt arbeitet er, mit andern angesehenen Americanern, zu London, an einer neu zu ordnenden Verbindung zwischen America und England, so gut und innig als diese nach dem, was zwischen beyden Ländern vorgegangen ist, vor der Hand ausfallen kann. — Als ein Freund die Medaille, welche der Congreß auf den Frieden mit England, in Frankreich, hat ausprägen lassen*), auf dem Schreibtische des Präsident Laurens, in dessen Zimmer liegen sah, und auf die darinn angebrachten Lilien, bedeutend, mit dem Finger zeigte, antwortete ihm Laurens mit einer Art von Unwillen: I do not like, neither did we want them; wen they came our business was done. (Sie gefallen mir nicht, auch brauchten wir ihrer Hülfe nicht; als sie kamen, war unsre Sache gemacht). Ein solcher einzelner Zug, und wir können diesen hier garantiren, malt die wahren Gesinnungen der Americaner gegen ihre hohen Alliirten, die Franzosen, vielleicht treffend genug, um daraus, fürs Allgemeine, einen Schluß wagen zu können.

5. Paul Jones, ein Schiffscapitain im Dienst von Amerika, und, außer dem Commodore Hopkins, der einzige Seemann dieses neuen Freystaates, der einigermaaßen hat von sich sprechen machen. Er ist nicht mehr und nicht weniger als ein Mann

 von

*) Sie ist hier ebenfalls, in Kupfer abgebildet, beygefügt.

von ausgezeichneter persönlicher Bravour, der mit einem amerikanischen Kriegsschiff, le bon homme Richard genannt, 40 Kanonen, und 375 Mann führend, nebst noch zwey andern americanischen Fregatten, an den Küsten von England kreuzte, und daselbst am 23 September 1779 die englische Fregatte Serapis, von 52 Kanonen, nach einem so hartnäckigen und mörderischen Gefecht eroberte, daß sein eignes Schiff, dreyßig Stunden nach der Action, mit einer Anzahl Verwundeten unterging — er selbst aber, nebst seinen übrigen Leuten, sich auf das eroberte englische Schiff retten mußte. Während dem Gefecht schürzte er um seines und des englischen Schiffes dicht an einander gerathene Seegelstangen ein Tau, damit sie nicht wieder von einander kommen möchten, bis eins oder das andre die Segel gestrichen haben würde. Indeß giebt es in der Geschichte der brittischen Seekriege noch ungleich auffallendere Beyspiele, wo eben so viel oder gar noch mehr Muth, unter ungünstigern Umständen und mit wahren Heldentugenden verbunden, bewiesen worden ist. Ueberdem war auch Paul Jones kein geborner Americaner, sondern ein abtrünniger Schottländer, dessen Tapferkeit oder Glück, wären sie auch noch größer gewesen, America nicht, sondern eigentlich England reclamiren könnte. Wichtiger als die Sache selbst war vielmehr die Folge derselben, in so fern nämlich Holland in dessen Häfen Paul Jones mit seinem Geschwader und mit seinen Prisen eingelaufen war, sich, auf die Forderung des englischen Hofes, nicht nur weigerte ihn auszuliefern, sondern ihm sogar Schutz und Unterstützung öffentlich angedeihen ließ. Dieses Betragen der Republik Holland beschleunigte die, wenige Monate nachher erfolgte, Kriegserklärung Englands gegen Holland; in welcher der Vorfall mit Paul Jones als eine Hauptbeschwerde angeführet ward.

Münz-

Münzen.

Die erste der hier abgebildeten ist eine Denkmünze auf den Frieden, welche der Congreß zu Verewigung dieser Begebenheit und des wirksamen Antheils, den Frankreich daran genommen, in Paris hat ausprägen lassen. Sie zeigt auf der Vorderseite den neuen Freystaat von Nordamerica unter dem Bilde eines Hercules, als Kind mit Schlangen kämpfend, und zum Zeichen, daß dieses Kind unter Waffen gebohren ward, sitzt es, statt der Wiege in einem auf dem Boden liegenden Schilde. Ein Leoparde (der Schildhalter des englischen Wapens und hier das Sinnbild Großbritaniens) will auf das dem Anschein nach wehrlose Kind eindringen, wird aber durch eine weibliche Figur daran verhindert, die dasselbe mit ihrem Schilde bedeckt und mit ihrer Lanze dem Leoparden einen tödtlichen Stoß beyzubringen im Begriff ist. Daß diese Figur Frankreich vorstelle, zeigen die Lilien an; im Abschnitte lieset man zwey für die Freywerdung von America gleich merkwürdige Data. Die Rückseite dieser Denkmünze zeigt das Profil eines schönen Frauenzimmerkopfes mit fliegendem Haar. Hinter ihrem Nacken ragt, als hielte sie ihn in der Hand, ein Stab hervor, auf welchen man den runden Freyheitshut, pileus, das Sinnbild der republicanischen Verfassung erblickt. Die Umschrift sagt, wer diese Figur sey: Libertas americana — das freye Nordamerica.

Das zweyte, was hier in Gestalt einer Münze erscheint, macht eigentlich den in dieser Form copirten Stempel aus, mit welchem das Papiergeld der Provinz Pensilvanien bezeichnet ist. Jede Provinz hat zu ihrem Papiergelde eigne Stempel dieser Art; weil nun der pensilvanische unter allen am mehresten characteristisch ist, da er die genaue Vereinigung der dreyzehn Provinzen nebst dem Mittelpunkt ihrer Conföderation zeigt, auf der andern Seite aber dem Volke die Flüchtigkeit

der

der Zeit und Wichtigkeit dessen, was es beginnt, vorhält, mithin in eine bis jezt auf currenten Münzen ganz ungewöhnliche Idee enthält: so hat man geglaubt, ihn vor allen andern hier abbilden zu müssen. Damit die Innschriften gleich volle Wirkung thun möchten, sind sie, zum Behuf des deutschen Lesers, übersetzt eingetragen; sie bedürfen daher keiner weitern Erklärung, sondern allenfalls noch die Hinzufügung der Ursprache — we are one — American Congress — Continental Currency — fugio — mind your business.

Flagge und Wimpel.

der dreyzehn vereinigten Staaten von Nordamerica.

Von diesem sauber illuminirten Kupfer ist hier weiter nichts zu sagen, als daß beyde, nach der deshalb getroffenen Uebereinkunft aller dreyzehn Staaten, wirklich so aussehen, wie sie hier abgebildet worden, und daß unsre Kinder und Enkel wahrscheinlich ein mehreres als wir (Gott gebe in Gutem) von dieser neuen Flagge werden zu sehen und zu hören bekommen.

Vier Uniformen der americanischen Armee.

Sie sind uns von einem aus America zurück gekommenen deutschen Officier, der allen dortigen Feldzügen der deutschen Hülfsvölker beygewohnt hat, in illuminirten Zeichnungen mitgetheilt, und, nach diesen, hat ihnen Herr Chodowiecki bloß die vorhandene Stellung gegeben. Zur Erläuterung fügen wir folgendes bey. 1) Washingtons reitende Leibgarde ist ein in Pensilvanien errichtetes Cavallerie-Regiment; an der Uniform und Rüstung des hier abge-

abgebildeten Gemeinen ist weiter nichts zu erklären, als daß sein Kopfpuß aus einem runden schwarzen Filzhut besteht, der, bloß nach vorn hin, eine runde, das Gesicht einigermaßen schützende Klappe, um den Kopf einen Streif rothen Tuchs gebunden, und queer über demselben, nach dem Nacken herab, zur Zierde, einen Fuchsschwanz hängen hat. Die Montur ist von Tuch, die Beinkleider von gelbem Leder, das Gefäß des Säbels von Stahl.

2) Die independent Company soll ein Corps pensilvanischer Freywilligen seyn und bloß aus Officieren bestehen, die eine Art von Suite des General Washington ausmachen, und von ihm als Adjutanten und zu andern Diensten solcher Art gebraucht werden. Schärfen, Port d' Epee und andre willkührliche militärische Unterscheidungszeichen sind noch nicht übereinstimmend unter der americanischen Armee eingeführt, daher sie auch hier weggelassen worden. So viel ist übrigens gewiß, daß General Washington selbst diese Uniform trägt, nämlich einen hellblauen Rock, dessen Aufschläge, Kragen und Rabatten, so wie die Unterkleider, von einem röthlich gelben Chamois oder sogenannter Gemsenfarbe sind.

3) Pensilvanische Infanterie — die Abbildung des unter diesem Namen vorgestellten Gemeinen kann, bis auf die unwesentliche Abänderung der Farben für ein allgemeines Bild aller regulären Infanterie von Nordamerica gelten. Diese hat nämlich, nach General Washington's Angabe, durchgehends kein Seitengewehr, sondern trägt dagegen das Bajonnet, in einem von der rechten Schulter schräg über den Patrontaschen-Riemen, herablaufenden weißledernen Gehenk, auf der linken Seite, in der Gegend der Rocktasche; sie trägt ferner, statt der bey uns gewöhnlichen Stiefletten oder Cammaschen, lange, bis auf die Knöchel herablaufende und am Fuß glatt anliegende, seitwärts dicht über dem Schuh bloß mit vier Knöpfen versehene Beinkleider, und, seit der

Ver-

Vereinigung der französchen mit der americanischen Armee. (die im Julius 1780 auf Rhodeisland erfolgte,) zum Andenken dieser Begebenheit und zum Zeichen des gegenseitigen guten Verständnisses, innerhalb der bis dahin bloß einfachen schwarzen Hut-Cocarde noch eine kleinere weisse.

4) Americanischer Scharfschütz oder Jäger. Diese sind uns besonders im Anfange des americanischen Krieges, unter dem englischen Namen Riflemen, aus den Zeitungen bekannt genug geworden. Sie haben mit den sogenannten Tyroler Scharfschützen, die bey der Kaiserlich Oesterreichischen Armee den Dienst sonst stehender Jäger-Corps verrichten, die mehreste Aehnlichkeit, in so fern sie, gleich diesen, lauter vorzüglich geübte Jäger von Profeßion sind, und auch nur in dieser Qualität, gleichsam auf den Anstand, schier ohne militarische Disciplin und ohne Exercitium gebraucht werden. Ihre Uniform besteht aus einem langen Kittel von dichter Leinewand, der oben am Halse, auf der Schulter, am Ellenbogen und unten am Gelenk der Hand, mithin an vier auf einander folgenden Stellen, mit einem Falbala oder getollten Streif von eben derselben Leinewand zur Zierrath besetzt ist. Die Weste reicht nur bis auf den Hosengurt und ist, gleich den langen Beinkleidern, ebenfalls von Leinwand. Jeder von ihnen bringt sein eignes Gewehr zur Armee, auf welches er eingeschossen und das gewöhnlich eine tüchtige Büchse nach Art unsrer ehemaligen Doppelhaken ist.

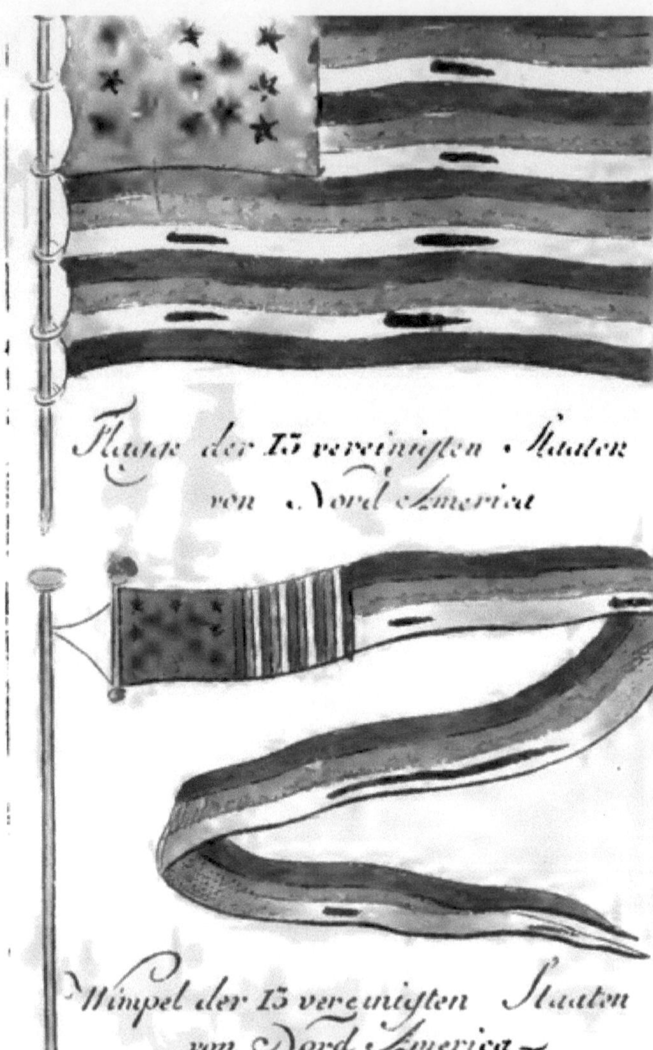
Flagge der 13 vereinigten Staaten
von Nord America
Wimpel der 13 vereinigten Staaten
von Nord America

ieneral Washington's reitende Leibgarde.
lie independent Compagnie. Chef General Washington.

NON SINE DIIS ANIMOSUS INFANS.
DUPRE F
AMERICA — CONGRESS VON
WIR SIND EINS
GEORGIA
S. CAROLIN.
N. CAROLIN
VIRGINIA
DELAWARE
PENSILV.
N. JERSEY.
MASSACHS

LIBERTAS . AMERICANA .
4 JUIL. 1776.
AMERICANISCHE LANDES MUNTZE.
ICH FLIEHE
BEDENKT WAS IHR VORHABT.
1776

1. Americanischer Scharfschütz oder Jäger, (Rifleman)
2. regulaire Infanterie von Pensilvanien.